Orizons
Daniel Cohen éditeur
www.editionsorizons.fr

La main d'Athéna/Philosophie
Collection dirigée par Jad Hatem

Partout où l'on annonce à grands cris la fin de la métaphysique et là même où l'on croit pouvoir enterrer en silence la libre pensée, c'est l'homme en la totalité de son être et en sa dimension de transcendance qui est en péril. Rien, d'une certaine manière, n'est plus vulnérable qu'elle car elle est tout l'homme. Elle s'expose à la déchéance car la liberté est son essence.

Insulté par Agamemnon, Achille est sur le point de s'emporter et de tuer son rival quand Athéna, venue l'apaiser, se place derrière lui et le retient par la chevelure. Il se retourne et la reconnaît seulement pour lui. La main qui guérit la passion est en même temps la main qui dessille les yeux. Par la conversion qu'elle opère, la sagesse est vision de l'invisible. « Nous sommes tous », dit Plotin, « comme une tête à plusieurs visages tournés vers le dehors, tandis qu'elle se termine vers le dedans par un sommet unique. Si l'on pouvait se retourner ou si l'on avait la chance d'avoir les cheveux tirés par Athéna, on verrait à la fois Dieu, soi-même et l'être universel ».

ISBN : 978-2-336-29819-1

Liberté humaine et divine ironie

Schelling avec Luther

Dans la même collection

Monique Lise Cohen, *Récit des jours et veille du livre*, Orizons, 2008

Monique Lise Cohen, *Emmanuel Lévinas et Henri Meschonnic, résonnances prophétiques*, Orizons, 2011

Riccardo Di Giuseppe, *Le Voyage de Parménide*, Orizons, 2011

Jad Hatem, *La poésie de l'extase amoureuse, Shakespeare et Louise Labé*, Orizons, 2008

Jad Hatem, *L'art comme autobiographie de la subjectivité absolue, Schelling, Balzac, Henry*, Orizons, 2009

Jad Hatem, *Rupture d'identité et roman familial*, Orizons, 2011

Jad Hatem, *Barbey d'Aurevilly et Schelling*, Orizons, 2013

Jad Hatem, *Liberté humaine et divine ironie. Schelling avec Luther*, Orizons, 2013

Paul Saadé, *La demeure du Don*, Orizons, 2013

Gianfranco Stroppini de Focara, *D'Alexandre à Jésus*, Orizons, 2013

Jad Hatem

Liberté humaine et divine ironie

Schelling avec Luther

Orizons
2013

Abréviations

Œ	Luther, *Œuvres*, Genève, Labor et Fides, 1957sv.
W	Luther, *Werke*, Weimar, Hermann Böhlau, 1883-1938.
W DB	Luther, *Werke,* section *Deutsche Bibel.*
W B	Luther, *Werke,* section *Briefe.*
W T	Luther, *Werke,* section *Tischreden.*
I-XIV	Schelling, *Sämtliche Werke*, Stuttgart, Cotta, 1856-1861.
EP	Schelling, *Einleitung in die Philosophie*, Stuttgart-Bad Canstatt, Frommann, 1989.
G	Schelling, *Grundlegung der positiven Philosophie,* Turin, Bottega d'Erasmo, 1972.
S	*System der Weltalter*, Frankfurt am Main, Klostermann, 1990.
U	*Urfassung der Philosophie der Offenbarung*, Hamburg, Meiner, 1992.
WA	Schelling, *Die Weltalter,* Munich, Beck, 1946.

Traductions de Schelling utilisées

Œuvres métaphysiques (1805-1821), tr. J.-F. Courtine & E. Martineau, Paris, Gallimard, 1980.

Philosophie et religion, in *la Liberté humaine*, tr. B. Gilson, Paris, Vrin, 1988.

Philosophie de la Révélation, tr. RCP Schellingiana (CNRS) sous la direction de J.-F. Marquet & J.-F. Courtine, Paris, PUF, 1989-1994.

Les Âges du monde, tr. P. David, Paris, PUF, 1992.

Le Monothéisme, tr. A. Pernet, Paris, Vrin, 1992.

Philosophie de la mythologie, tr. A. Pernet, Grenoble, Millon, 1994.

Introduction à la philosophie, tr. M.-C. Challiol-Gillet & P. David, Paris, Vrin, 1996.

Introduction à la philosophie de la mythologie, tr. GDR Schellingiana (CNRS), sous la direction de J.-F. Courtine & J.-F. Marquet, Paris, Gallimard, 1998.

À Daniel Schulthess

« La raison naturelle ne peut comprendre d'elle-même cette lumière, bien qu'elle soit présente dans le monde entier »

(Luther, *Postille de Noël*).

« La lumière ne se révèle que dans son combat contre la nuit »

(Schelling, *Philosophie de l'art*).

« L'ironie est le fond du caractère de la Providence »

(Balzac, *Eugénie Grandet*).

« Ah ! ce monde est beau quand on peut en saisir l'ironie »

(Charles Morgan, *Fontaine*).

« De toutes ces propositions, on retient qu'il ne faut pas prêter attention à la force des mots, mais au sens, car elles sont toutes à comprendre de manière impropre, et à partir du contraire »

(Luther, *Marginalia au* Livre des Sentences *de Pierre Lombard*).

Avant Propos

Rejeton prodige d'une lignée de lévites luthériens, le jeune Schelling se destina très vite au pastorat. À Tubingue, où il entreprenait des études à cet effet, deux événements le détournèrent de la carrière ecclésiastique : la Révolution française et la philosophie de Fichte dont l'aurore venait de poindre.

En dépit d'une certaine inclination au catholicisme, reconnue par lui-même sur le tard (XIV, p. 324), il est resté fidèle à son Église. Il ne s'est jamais pour autant piqué d'orthodoxie, même et surtout dans la dernière période de sa pensée qualifiée par ses soins de « philosophie chrétienne » (*S*, p. 9). La soumission à la dogmatique eût non seulement entravé la libre recherche, mais empêché de traiter le christianisme comme un simple objet d'investigation[1].

1. « Il ne m'importe pas d'être d'accord avec une quelconque doctrine ecclésiastique. Je n'ai aucun intérêt à être orthodoxe, comme on dit, et il ne me serait pas non plus intolérable d'être le contraire. Le christianisme n'est pour moi qu'un phénomène que je cherche à *expliquer* » (XIV, p. 201). « Le christianisme n'a pour la philosophie aucune autre autorité que celle d'un objet, ce qui lui permet donc d'être

Il n'est pas aisé de déterminer le noyau d'une doctrine. Pour celle de Luther, s'il faut en croire son propre auteur, elle tient en la thèse de la justification (qui d'ailleurs fait sa grande originalité par rapport à tous les réformateurs qui l'ont précédé). Si cet article est renversé, confie-t-il, tout le serait (*W* 40, I, p. 72 ; 40, III, p. 335). Il est conduit à cette position par une triple réduction : 1/ des quatre Évangiles à celui de Jean, 2/ de Jean à Paul, 3/ de Paul à la foi laquelle, opération de Dieu dans l'âme, justifie à l'exclusion des œuvres. Or Schelling n'admet pas, à son tour, que ces dernières soient méritoires, la justification devant les précéder (XIV, p. 218 ; *cf.* VI, p. 559). Il importe peu ici de savoir si pareille proposition contredit ou non la doctrine catholique et jusqu'à quel point. L'essentiel est que, notoirement considérée comme l'emblème du luthéranisme, elle l'ait été par Schelling lui-même (*cf.* XIV, p. 327) qui rappelle que l'Épître de saint Jacques, laquelle prône une grâce avec œuvres (*Gnade mit Werken*), a été qualifiée par le Réformateur d'« épître de paille » (*U*, p. 702 ; *W DB* 6, p. 10). On ne s'étonnera donc pas de voir que le philosophe, s'adressant à Eschenmayer, célèbre « notre doctrine luthérienne » comme ce qui a ranimé la notion de foi (VIII, p. 185), ce qui explique qu'il lui arrivera de caresser le projet de composer des sermons en vue d'exposer la doctrine chrétienne. Il renchérit sur Luther en ne portant qu'un intérêt médiocre à l'enseignement propre du Nazaréen car pour lui, le christianisme se ramène à la doctrine concernant le Christ.

examiné sans parti pris en vue de la recherche de la vérité » (*EP*, p. 9-10).

Mais dès lors qu'il expose sa vision d'un développement historique du christianisme dans laquelle l'Église de Pierre représente le fondement de l'édifice chrétien, le philosophe est amené à faire du principe protestant issu de Paul une position excentrique, active et libre par rapport au centre (XIV, p. 309)[2], ce qui dans les termes du système de l'identité revient à le priver de l'ancrage dans l'universel (*cf.* V, p. 301). Or quelle que soit l'adhésion de Schelling, dans les diverses étapes de son évolution, à cette posture, il n'a pas laissé d'aspirer au centre, parfois sous la forme d'une restauration, le plus souvent d'un dépassement dans une figure tierce, spirituelle. Il finit par offrir ses vœux à l'Église à venir, johannique et universelle qui réunit les termes antithétiques. Dès l'instant où il réprouve toute tentative d'abolir le fondement, et qu'à cette occasion il rappelle opportunément que le Réformateur « nomme l'Église romaine sa chère mère » (XIV, p. 315), il lui faut reconnaître que le luthéranisme exprime un point de vue partiel (si pertinent soit-il, notamment dans le sens d'une totale dépaganisation du christianisme). Déjà dans la *Philosophie de l'art,* il avait constaté que le protestantisme, loué pour avoir promu la liberté de pensée et d'invention, échoua à se doter d'une forme objective et finie (V, p. 440), la Réforme ayant privilégié l'intérieur aux dépens de l'extérieur. La version munichoise de la *Philosophie de la Révélation* nommera Luther : « La tendance unilatérale conduit soit au rationalisme ou au

2. On appréciera la différence avec Kierkegaard soutenant, à la même époque, que le copernicien Luther a découvert que Rome n'était pas le centre autour duquel tout gravitait, mais une instance périphérique (*Journal*, 2 novembre 1838).

mysticisme. Le catholicisme s'est principalement attaché à l'extérieur, en négligeant la connaissance. Le protestantisme a seulement insisté sur la connaissance, sur le processus intérieur, et c'est ainsi qu'a disparu pour lui le déroulement extérieur. Cela n'a pas été avantageux pour Luther d'avoir été influencé par Tauler. Le processus intérieur est certes l'important pour tout homme, mais le processus extérieur ne saurait non plus être négligé » (*U*, p. 709 ; *cf.* XIV, p. 333 où Luther et Tauler ne sont pas mentionnés). Le protestantisme ne sera donc jamais qu'une médiation (*Vermittlung*), une simple transition (*Übergang*) et donc rien en soi-même (*U*, p. 697).

Dans quelle mesure Schelling est resté proche de l'esprit de Luther, « âpre et sauvage, mais puissant »[3], comment apprécier l'influence d'une œuvre théologique dont la lecture ne fut pas l'objet favori des méditations du philosophe et qui, de surcroît, ne s'est pas privée d'insulter gravement à la raison, l'objectif du présent essai est de contribuer à l'établir. Je ne prétends pas couvrir tous les aspects qu'une telle question est amenée à mettre en évidence[4]. Dans un premier moment, j'examine la référence à Luther dans les *Recherches sur la liberté humaine* — qui peuvent passer pour une réfutation en règle du traité du *Serf arbitre* que Luther jugeait son meilleur ouvrage (*W B* 8, p. 99) et procède à une comparaison entre les dyothé-

3. Schelling, *Briefe und Dokumente*, II, Bonn, Bouvier, 1973, p. 97.
4. Pour un autre point de vue, *cf.* Franceso Donadio, *L'Albergo della Filososofia e la radice della mistica. Lutero, Schelling, Yorck von Wartenburg*, Napoli, Bibliopolis, 2002.

lismes divins des deux penseurs[5]. Je porte ensuite mon attention sur le thème luthérien de l'ironie divine que Schelling essaya de conquérir pour le compte de la philosophie. *Dieu* et *la liberté humaine* ne sont pas de ses thèmes que la philosophie pourrait se permettre d'examiner selon ses loisirs et fantaisies. Ils appartiennent (avec la vertu, le monde et l'homme comme identité de Dieu et du monde) au cercle restreint qui regroupe les questions fondamentales (*cf.* S, p. 19). Un appendice sur l'auto-révélation de Dieu qui thématise le passage de *philosophie et religion* aux *Recherches sur la liberté humaine* s'inscrit dans la lignée de mes précédents travaux sur Schelling.

5. Insistant sur la parenté qui unit Luther aux grands idéalistes allemands, Berdiaev considère que Fichte et Hegel poursuivent la tendance moniste manifestée dans le *Serf arbitre* en tant que ce traité refuse d'admettre une réciprocité d'action entre l'homme et Dieu ; l'esprit universel ne serait pas autre chose que la grâce sécularisée (*Cinq méditations sur l'existence,* tr. I. Vildé-Lot, Paris, Aubier, 1936, p. 43). Jugement qui ne s'applique guère aux *Recherches.*

Chapitre I

Liberté humaine et complexité divine

Il paraît difficile d'admettre de prime abord que les *Recherches philosophiques sur l'essence de la liberté humaine* doivent grand chose à Luther qui n'y est cité qu'une seule fois, en note, et cela de façon imprécise. Il ne serait pourtant pas judicieux d'avancer que l'auteur du *Serf arbitre* ne saurait cautionner l'entreprise schellingienne, tant pour sa mise au pinacle de la liberté humaine que pour ses prétentions outrecuidantes à pénétrer les mystères (et même la nature) de Dieu, des voies de qui le philosophe s'est dit le confident[1]. En effet, une influence n'exige pas d'être avalisée, surtout si elle est subtile.

1. L'homme devait être ce confident (*Mitwisser seines Weges*) (*G*, p. 470). L'âme humaine, en tant que puisée à la source des choses, a part à la science (*Mitwissenschaft*) de la création (*WA*, p. 4).

J'aborderai l'allusion que font les *Recherches* à Luther avant d'apprécier une éventuelle imprégnation. Je voudrais soutenir l'hypothèse que la liberté humaine est fonction de la complexité divine. Alors que chez Luther, cette dernière conduit à la suppression du libre arbitre (du moins en théorie), elle favorise son éclosion, selon Schelling, et soutient son exercice.

I. LA RÉFÉRENCE À LUTHER DANS LES *RECHERCHES PHILOSOPHIQUES SUR L'ESSENCE DE LA LIBERTÉ HUMAINE*

§ 1. Schelling mentionne Luther dans la section des *Recherches* à laquelle Heidegger donne le titre suivant : *Le processus de singularisation du mal « effectif »*[2] et qui est en fait relative à l'accord entre nécessité interne et liberté : « Indépendamment de l'indéniable nécessité de toutes les actions et bien que chacun doive s'avouer, quand il est attentif à soi-même, que ce n'est point du tout par hasard ou arbitrairement qu'il est bon ou méchant, le méchant par exemple s'apparaît à soi-même rien moins que contraint (puisqu'une contrainte ne peut être ressentie qu'au sein du devenir, et non point dans l'être), mais il accomplit ses actions volontairement, et non pas contre son gré. Que Judas dût trahir le Christ, voilà ce que ni lui-même ni aucune créature n'aurait pu changer, et cependant il a trahi le Christ, non point contraint, mais de plein gré et en toute liberté ». Une note est ici introduite : « Ainsi s'exprime Luther dans son traité *de servo arbitrio* ; la thèse luthérienne

2. *Schelling. Le Traité de 1809 sur la liberté humaine*, tr. J.-F. Courtine, Paris, Gallimard, 1977, p. 182.

est juste, même si Luther n'a pas conçu de manière rigoureuse l'union d'une telle nécessité immanquable avec la liberté des actions » (VII, p. 386). La réserve de Schelling n'ôte pas à son propos l'imprécision. On est en droit de s'étonner qu'il attribue au Réformateur une idée formellement récusée par lui.

Schelling renvoie au paragraphe suivant du *Serf arbitre*[3] : « Si Dieu, dans sa prescience, a prévu que Judas serait un traître, Judas devait nécessairement devenir un traître ; et il n'était pas en son pouvoir, ni au pouvoir d'aucune autre créature qu'il en fût autrement ou que sa volonté fût modifiée. Il est vrai que Judas a agi volontairement, et non par l'effet d'une contrainte ; mais cette volonté était l'œuvre de Dieu, qui la mettait en mouvement en vertu de sa toute-puissance, comme il meut toutes choses » (*W* 18, p. 715). Il y a loin de l'action volontaire, quand la volonté est l'œuvre de Dieu, à « de plein gré (*willig*) et en toute liberté (*mit völliger Freiheit*) ». Le fils de perdition est, pour Luther, si peu libre qu'il n'est même pas capable d'agir *par lui-même*. Même si aucune contrainte (laquelle implique une violence extérieure) ne s'est s'exercée sur lui, il ne peut *vouloir* que pécher, ce qui est tout autre chose que succomber par faiblesse (un simple *non potest non peccare*[4]) lors même qu'on

3. Il l'a lu (sans doute rapidement) pendant qu'il rédigeait son Traité (*cf.* Schelling, *Philosophische Entwürfe und Tagebücher I : 1809-1813,* Hamburg, Meiner, 1994, p. 7).
4. Dès lors que la formule d'Augustin est interprétée selon la clef du serf arbitre, elle rend évidemment un autre son quoi qu'en pense Luther (*cf.* *W* 42, p. 289). De même la parole du Christ en Jn 15:5 : « *Sine me nihil potestis facere* » (*cf.* *W* 18, p. 748-749 ; *W* 46, p. 651).

n'a pas *voulu*[5] l'acte et qu'on y a résisté en vain, ce qui autorise Luther à lui appliquer le terme de *nolonté* (*W* 18, p. 635)[6]. L'équation est d'une grande simplicité : il n'y a de pardon rédempteur qu'à la mesure de l'impuissance de l'homme : « Si tu pouvais ne pas pécher en usant de ton libre arbitre ou faire quelque chose qui ne soit pas un péché, à quoi le Christ serait-il bon ? Il serait fou de verser son sang à cause de ton péché, si tu avais la liberté et le pouvoir de faire quelque chose qui ne soit pas un péché » (*Œ* X, p. 49). Cela peut toutefois aller jusqu'à soutenir la thèse d'une dialectique de la polarité dynamique dans laquelle Schelling aurait trouvé son bien : en vue de magnifier la justification, Luther juge qu'il convient d'attribuer au péché le plus de magnificence et d'étendue (*W* 39 I, p. 86).

Qu'en est-il alors de l'homme justifié par la foi ? Il ne cessera pas non plus de pécher (d'être meurtrier) puisque la loi est impossible à observer n'ayant été donnée qu'en vue de la connaissance du péché (*W* 18, p. 684), de la transgression et de la colère (*W* 40, I, p. 403), ce pour quoi s'instaure l'inimitié entre elle et l'homme (*W DB* 7, p. 4)[7], mais Dieu ne lui impute pas

5. Le verbe « noloir » étant attesté, on pourrait dire : « a nolu ».
6. *Noluntas*. Voir aussi le cours sur l'Épître aux Romains (*W* 56, p. 345).
7. Phrase citée par Schelling dans son *Exposé de la philosophie rationnelle pure* (XI, p. 554) en vue de contrer la conception kantienne d'une loi impersonnelle ressentie comme hostile. Qu'on incline à l'accomplissement de la loi est le fait du libre amour suscité par l'Esprit-Saint en l'âme croyante. Ce qui dispose à la morale, dit Schelling citant Luther, c'est « un cœur joyeux et libre » (*W DB* 7, p. 6). Le respect n'y suffit pas (XI, p. 555).

la faute ; d'ailleurs le juste ne la veut pas et bien plutôt la combat[8], ce qui est propre à introduire la distinction (que Luther ne fait pas toujours) entre une opposition foncière à Dieu et une violation du précepte due à la faiblesse. De là la formule bien connue : « Le chrétien est tout à la fois juste et pécheur, saint et profane, ennemi et fils de Dieu » (*W* 40, I, p. 368). C'est le fils du péché originel, et en être privé de la grâce, qui ne peut vouloir que le mal (*W* 18, p. 786), entendre qu'il est affligé d'une tenace propension à la transgression de la

8. Par exemple *W* 40, II, p. 107. Ce n'est pas le lieu de développer la thèse excessive de l'ancien moine du couvent d'Erfurt en ses ramifications et déplacements. Notons simplement la forme extrême qu'elle prend dans l'*Assertio omnium articulorum Martini Lutheri per Bullam Leonis X novissimam damnatorum* où il soutient que « dans toute bonne action, le juste pèche » et que « l'œuvre bonne accomplie au mieux est un péché véniel selon la miséricorde de Dieu, mais un péché mortel selon le jugement de Dieu » (*W* 7, p. 137-139 ; *cf.* *W* I, p. 227). La justice semble ici revêtir sans convertir ou, comme disait Bossuet, sans « être rien en nous » (*Histoire des variations des Églises protestantes,* I, Paris, 1688, p. 10). C'est négliger les passages où Luther présente la justification comme un processus (*W* 39, I, p. 83, 252), qu'une transformation est accomplie par la foi et que l'Esprit-Saint donne de vivre « divinement » en observant la loi (*W DB* 7, p. 6) par pur amour et non par intérêt (en vue du salut) (*W* 7, p. 30), l'amour lui-même ne justifiant d'ailleurs pas (*W*, 40, II, p. 80) quand bien même vécu en accomplissement de la loi (*W*, 40, II, p. 218), car il ne sert que de pierre de touche : celui qui aime et agit acquiert la certitude que le Christ est en lui (*W* 10, I, 2, p. 44) et produit en lui les bonnes œuvres (*W* 39, I, p. 46).

loi, puisque « la chair[9] ne saurait rien envisager, dire ou faire qui ne soit contre Dieu et en faveur du diable » (*W* 40, I, p. 221). Quant au croyant, c'est pure illusion qu'il puisse être un parfait saint, autrement dit un saint qui ne soit pas simultanément pécheur (*W* 40, I, p. 687).

Il reste que tout vouloir, pour résolu qu'il soit, est mû par la toute-puissance de Dieu. Le « de plein gré » de Schelling stipule tout le contraire même si, pour tenir compte de l'enchaînement de la nécessité temporelle, il rétropose l'acte dans une prétemporalité qui se veut l'écho du plan nouménal kantien. C'est ainsi qu'il affirme que l'acte par lequel la vie de l'homme est déterminée dans le temps appartient à l'éternité (VII, p. 385). Comme la contrainte est dans le devenir, la liberté relève de l'être, de ce qu'on est depuis toujours, à savoir l'effet d'une décision immémoriale faite au seuil de l'histoire (VII, p. 387). À la nécessité externe, le philosophe substitue donc une nécessité interne qui jaillit de l'essence de l'agent (VII, p. 383), laquelle est extra-temporelle tout en étant « son propre acte » (VII, p. 385) comme si, au bout du compte, la liberté devenait serve d'elle-même en renonçant à la contingence (au sens de Duns Scot). Certes, pour Luther, l'acte primordial que constitue le péché d'Adam a une incidence déterminante sur l'homme en ce qu'il lui fait perdre

9. Le terme a une grande extension chez Luther : nature, raison, justice humaine, sagesse, dévotion, religion, intelligence, volonté (*W* 40, I, p. 244), raison après la chute (*W* 18, p. 676). Le charnel enveloppe tous les péchés et d'abord l'incroyance (*W DB* 7, p. 12), l'idolâtrie et l'hérésie (*W* 40, II, p. 112), voire la défiance. Schelling donne là-dessus son approbation lorsqu'il conçoit que la plus haute corruption est spirituelle (VII, p. 468).

irrévocablement la capacité d'assurer son salut, ce dernier ne pouvant émaner que de la gracieuse initiative divine. Schelling s'exprime différemment : « L'homme s'est saisi de toute éternité dans l'égoïsme et l'amour de soi » (VII, p. 388), ce qui se découvre, dans le temps, comme un penchant naturel pour le mal (VII, p. 381, 388)[10] qui ne l'empêche pas de pouvoir se déterminer également pour le bien lequel ne saurait être sans l'égoïsme puisqu'il lui faut le surmonter[11]. Il en découle qu'à l'encontre de la conviction de Kant, l'homme peut faire le mal pour le mal, car il est doué pour lui d'une « exaltation d'esprit » (VII, p. 372).

Nulle place chez Schelling pour la grâce dans l'acception et la force luthériennes : seulement une éventuelle assistance divine (VII, p. 389), ce qui ressortit à la catégorie kierkegaardienne de l'*occasion* plutôt qu'à la notion d'une intervention divine en bonne et due forme. Pour ce qui est de la *condition*, elle appartient totalement à l'individu : « Le fait même qu'il permette cette influence de l'esprit bon, qu'il ne se ferme pas positivement à lui, procède déjà de cette action inaugurale par lequel l'homme est précisément tel, et non point un autre » (VII, p. 389). Ce qui revient à dire que l'homme s'était réservé la possibilité, en son acte transcendantal originel, de se convertir, ce que d'évidence Luther ne saurait admettre. Il s'ensuit un déplacement sensible

10. L'idée que l'égoïsme devient naturel à l'homme est commune. On la retrouve chez Luther (*W* 56, p. 356).

11. Il y a lieu de comparer ce que dit Schelling de l'acte de liberté posé prétemporellement avec ce que pense Karl Rahner d'une liberté toujours absolue, dont l'acte dépasse le temps dans sa prétention à être valable pour toujours (*cf. La Vie des morts*, in *Écrits théologiques*, IX, Paris, DDB, 1968, p. 177).

de la notion de prédestination. Schelling en récuse le concept traditionnel : « Les auteurs de cette hypothèse sentaient bien que les actions humaines doivent nécessairement être déterminées de toute éternité, mais ils recherchèrent cette détermination non point dans l'action éternelle, contemporaine de la création, qui constitue l'essence de l'homme lui-même, mais dans un décret divin absolu, c'est-à-dire totalement sans-fond (*grundlos*), par lequel les uns sont prédéterminés à la damnation, les autres à la béatitude — mais par là ils supprimèrent jusqu'à la racine de la liberté » (VII, p. 387). Bien que le nom de Luther ne soit pas prononcé, pareil énoncé s'applique parfaitement à ce qu'il professe (mieux d'ailleurs qu'à ce qu'enseigne Calvin[12]). L'idée d'une volonté divine abyssale est vigoureusement soutenue dans le *Serf arbitre* : « Il est Dieu ; on ne peut assigner à sa volonté ni cause ni raison (*nulla est ratio* ; *ohne Grund* dans la version allemande), ni loi ni règle, car rien ne lui est égal ou supérieur, mais c'est sa volonté qui est la règle de tout » (*W* 18, p. 712).

12. Ce n'est pas à la double prédestination que je pense, mais au fait que pour Calvin, la chute de l'homme est provoquée par Dieu pour Sa gloire et Sa justice (*Institution de la religion chrétienne*, III, XXIII, 8). Nous ne connaissons pas les raisons de la prédestination, mais cela ne signifie guère qu'il n'y en a pas, encloses qu'elles sont dans le conseil privé de Dieu. Étant loi à soi-même, Dieu n'est pas sans loi (*exlegem*) (*Ibid.*, III, XXIII, 2). Dans son sermon sur la première Épître à Timothée, Calvin émet la supposition que Dieu pourrait bien avoir merci de ceux qui sont maintenant en perdition (*Opera quae extant omnia*, 1853-1900, LIII, col. 135). Pour Luther, « Dieu étant juste et sage, ne peut rien faire qui ne soit juste et sage, même si à nos yeux, il ne semble pas en être ainsi » (*W* 18, p. 632).

Manifestement, les quatre négations équivalent à la proclamation de l'abyssalité[13]. Quant à la doctrine de la préordination au salut ou à la damnation, Schelling pouvait s'être rafraîchi la mémoire en lisant dans le *Serf arbitre* que là Dieu « répand sa grâce et sa miséricorde sur les indignes ; ici, il répand sa colère et sa sévérité sur ceux qui ne l'ont pas mérité ; dans l'un et l'autre cas, il est injuste aux yeux des hommes, mais juste et vrai à ses propres yeux » (*W* 18, p. 731)[14]. Après avoir établi que Luther fait partie des théologiens visés par le trait, nous pouvons revenir à la propre conception de Schelling : « Or nous aussi nous affirmons une prédestination, mais en un tout autre sens : nous disons que l'homme agit *hic et nunc* comme il a agi de toute éternité, et dès le commencement de la création » (VII, p. 387). Il est alors certes déterminé, mais par lui-même, par sa décision originelle qui lui confère d'être ce qu'il est. Pour Schelling, comme pour Sartre, « l'acte précède l'essence et la fait d'abord » (VII, p. 386). C'est seulement dans un deuxième moment que l'action suivra l'être, l'homme ne cessant alors d'agir suivant sa nature

13. Ou encore : la toute-puissance divine n'a d'autre raison qu'elle-même et se réjouit de tirer la lumière des ténèbres et l'être du néant tout de même qu'elle vivifie les morts et sauve les damnés (*W* 40, III, p. 154).
14. La non injustice de Dieu repose évidemment sur la culpabilité universelle de l'humanité ressassée dans le traité du *Serf arbitre* (*W* 18, p. 757, 761, 767...) Le thème luthérien de la colère ne transite pas directement vers Schelling. Il passe par la médiation de Boehme, qui en modifie les contours. À noter que pour Luther, lorsque la redoutable colère divine s'enflamme, elle livre les personnes au diable (*W* 53, p. 439).

intime. L'*arbitrium*, avec son moment tensionnel, est réservé à l'acte primordial.

§ 2. On n'oublie pas que le texte de Luther auquel Schelling a fait allusion réplique à Érasme dont il reprend l'argumentation et l'exemple. Le *Servo arbitrio* renvoie au passage suivant du *Libero arbitrio* : « Dieu savait d'avance — et ce qu'il savait d'avance, il en voulait d'une certaine façon la réalisation — que Judas livrerait le Seigneur. Ainsi donc, si l'on considère la prescience infaillible de Dieu et sa volonté immuable, il devait nécessairement arriver que Judas livrât le Seigneur ; et pourtant Judas aurait pu modifier sa volonté ou du moins ne pas accueillir cette volonté impie. On dira : que serait-il arrivé, s'il l'avait modifiée ? — La prescience de Dieu n'aurait pas été fausse ni sa volonté entravée, puisque précisément il aurait su d'avance et voulu cette modification de la volonté » (III a 9)[15]. Par cela qu'il tient que la liberté, bien que blessée par le péché, n'a pas été éteinte, Érasme entend montrer que la nécessité fondée dans la prescience divine n'exclut pas la libre volonté. Le premier exemple qu'il fournit repose sur la conception d'une liberté immanente. Quoique le Père éternel engendre le Fils nécessairement, l'acte est libre et volontaire puisqu'il ne subit pas de contrainte extérieure. Il n'obéit pour ainsi dire qu'aux lois de sa propre nature, comme l'amour ne peut s'empêcher d'aimer. Érasme procède alors à une extrapolation pour en venir à la possibilité d'un libre

15. Érasme, *Du libre arbitre : Diatribe ou collation*, in Luther *Du serf arbitre*, tr. G. Lagarrigue, Paris, Folio, 2001.

arbitre humain compatible avec la nécessité. Toutefois, il ne justifie pas l'extrapolation comme telle, car il se contente de marquer la possibilité du cas. Après avoir donné l'exemple de Judas, il fournit (à vrai dire sans grande conviction) des éléments d'explication par le recours à la distinction scolastique entre nécessité de la conséquence (*necessitas consequentiae*) et nécessité du conséquent (*necessitas consequentis*), qui permet d'admettre « que la trahison de Judas est conséquence nécessaire si la volonté efficace de Dieu a voulu la chose de toute éternité », tout en niant « que conséquemment Judas devait trahir par nécessité puisque c'est de sa propre volonté qu'est née son œuvre impie ». Qu'est-ce à dire ? La nécessité de la conséquence implique l'advenue obligatoire d'une conclusion comme effet d'un enchaînement logique. Mais cet enchaînement, parce que formel, ne saurait statuer sur la nécessité matérielle du conséquent. Cela revient à dire que s'il est nécessaire que, la cause étant donnée, l'effet suive, on ne peut conclure de la présence de l'antécédent au caractère nécessaire du conséquent, c'est-à-dire savoir s'il est nécessaire *en lui-même*. Appliquée au problème de la liberté, cette distinction entraîne, en cela qu'elle établit la contingence du conséquent, que les hommes ne sont pas soumis en eux-mêmes à une fatalité qui les fait être tels absolument et agir. Quoique leurs comportements soient déterminés par une suite, ils restent libres. La pré-connaissance de Dieu n'est donc pas incompatible avec le libre déploiement de la volonté impie de Judas. L'infaillible prescience est également volonté permissive ; ainsi, continue Érasme, ce que Dieu savait d'avance, il en voulait « d'une certaine façon » la réalisation, ce qui revient à reconnaître qu'il ne voulait certainement pas l'acte mauvais dont il s'est contenté de permettre la libre exécution. En définitive, il convient de soutenir que les effets contingents que produit le libre arbitre de l'homme n'ont pas été produits par Dieu.

Luther n'a que mépris pour la distinction entre les deux nécessités ; il la ramène à une tautologie car elle aboutit à la déclaration que la chose faite (*res facta*) n'est pas Dieu (*W* 18, p. 617)[16]. En réalité, la fin de non-recevoir qu'il oppose à ladite distinction lui sert à consolider l'affirmation que même la prescience de Dieu est immuable telle une loi éternelle puisqu'elle correspond à ce qu'il a décidé (*W* 18, p. 615), si bien que ce n'est nullement « d'une certaine façon » qu'il veut ce qu'il sait d'avance.

Force est de constater que la sentence de Luther : « Il est vrai que Judas a agi volontairement, et non par l'effet d'une contrainte » ne fait que répéter l'idée d'Érasme par un geste de fausse concession avant de la vider de tout contenu puisque la volonté était en réalité l'œuvre de Dieu mouvant toutes choses. Schelling a donc tort d'attribuer à Luther l'idée que Judas a trahi le Christ volontairement et en toute liberté. Sa position est plus proche de celle d'Érasme, non pas tant de manière générale que pour ce qui regarde le cas de Judas.

§ 3. Une question reste en suspens. Si pour Schelling aussi Dieu meut toutes choses, ne détermine-t-il pas

16. Il l'avait déjà dénoncée dans son cours sur l'Épître aux Romains (*W* 56, p. 382-383).

absolument l'agir humain ? Réponse lapidaire : Dieu ne meut pas ce qui n'est pas une chose, à savoir la liberté en sa pleine affirmation. Réponse complexe : en vue de la révélation, le fond suscite en l'ipséité le besoin d'être activée (*aktivierte*). Il en découle un état dont l'atmosphère est indéniablement luthérienne : « Dans le bien la réaction du fond est donc à l'œuvre en vue du bien, et dans le mal en vue du mal, comme le dit l'Écriture : "Avec le pieux tu te montres pieux, avec le pervers tu te montres pervers" » (VII, p. 400). Cette citation du Psaume 18 (versets 26-27 ; *cf.* II Sam 22:27), bien qu'absente du *Serf arbitre,* est récurrente chez Luther. Elle lui permet d'insister sur la manière de recevoir Dieu : les pervers, surtout si leur réception fut perverse, par exemple lors de la communion (*W* 26, p. 353), n'en seront pas sanctifiés. On dira donc que tout contribue à leur malheur, de même que tout contribue au bien des saints (*W* 3, p. 116) comme en témoigne le verset de Paul (Tite 1:15) : « Tout est pur pour ceux qui sont purs, mais rien n'est pur pour ceux qui sont impurs » (*cf. W* 5, p. 605). Les deux versets sont mobilisés afin d'illustrer l'idée suivant laquelle Dieu et le Saint-Esprit ne sont que poison et mort lorsque reçus sans foi (*W* 26, p. 353). Dieu châtie durement les pervers et attire sur eux la honte (*W* 2, p. 756). Dans la glose sur l'Épître aux Romains : « C'est pourquoi les damnés le verront éternellement injuste. Les justes, au contraire, le verront juste, tel qu'il est en lui-même » (*W* 56, p. 234). Dans le beau sermon sur la Cananéenne : « Le Christ nous apparaît comme nous le sentons » (*W* 17, II, p. 203).

L'usage que fait Schelling de la citation est différent. Elle doit illustrer sa thèse suivant laquelle l'énergie déployée tant pour le bien que pour le mal est aiguillonnée par le fond. On lira donc, dans la citation de Ps 18 :27, un *in perverso perverteris* plutôt qu'un *cum.* Mais l'acte lui-même demeure le fait de l'individu : « La volonté ne peut jamais apparaître que dans la volonté la plus intime du cœur de chacun, et il n'est jamais accompli sans un acte propre. La sollicitation du fond ou la réaction contre le sur-créaturel se borne à éveiller le désir du créaturel ou la volonté propre » (VII, p. 399). On trouve, à un détail près, l'équivalent de cette incitation dans le paragraphe où Luther s'efforce de faire entendre comment Dieu endurcit Pharaon : « Extérieurement, il propose à sa méchanceté une chose qu'elle hait naturellement ; intérieurement, il ne cesse de mettre en mouvement la volonté mauvaise qu'il trouve en lui. Et ainsi Pharaon doit nécessairement haïr, en vertu de sa volonté mauvaise, ce qui s'oppose à lui, et se confier en ses propres forces. Il s'endurcit et s'obstine à tel point, qu'il n'entend ni ne comprend plus rien, et qu'il est possédé de Satan, comme un fou furieux » (*W* 18, p. 711). La différence de fond tient au fait que, pour Luther, la volonté de Pharaon est déjà mauvaise.

Luther et Schelling sont d'avis que Dieu, ne cessant de tout mouvoir, fait tout en tous[17]. Il est cependant clair que pour le philosophe l'élément formel de l'acte mauvais n'est pas fourni par Dieu (*cf.* VII, p. 370). En va-t-il autrement pour Luther ? Non si Dieu ne

17. Même idée dans la *Philosophie de la Révélation* (XIV, p. 52), avec une nuance : la volonté divine qui agit dans le pervers est une mévolonté (*Unwille*), entendre une volonté inversée et encolérée (*cf.* U, p. 443).

fait qu'abandonner à sa perversité l'homme qu'il ne gratifie pas de sa grâce. Il suffit que le Dieu du Deutéronome prédise à ses gens la défaite s'ils engageaient le combat, car il ne se tiendra pas parmi eux, pour que Luther en déduise l'inanité du libre arbitre (*W* 14, p. 559). Lorsque le Réformateur écrit : « La volonté humaine, placée entre Dieu et Satan, est semblable à une bête de somme. Quand c'est Dieu qui la monte, elle va là où Dieu veut qu'elle aille (...). Lorsque Satan la monte, elle va là où Satan veut qu'elle aille. Et elle n'est pas libre de choisir l'un ou l'autre de ces deux cavaliers ; mais ceux-ci se combattent pour s'emparer d'elle et la posséder » (*W* 18, p. 635), il est bien entendu que le diable n'enfourche que la volonté que Dieu a renoncé à conduire. Nul besoin d'admettre qu'elle exécute une consigne ou pour le dire dans les termes d'Ebeling commentant ces mêmes lignes, non sans en émousser le tranchant : « Satan n'est rien d'autre que le masque de l'absence de Dieu »[18]. On remarque que dans tous les cas la volonté ne peut en rester au stade d'involonté, ce que Schelling contresignerait. Lorsqu'il lui arrive de concéder un point à Luther, il ne manque pas de se reprendre et de corriger la trajectoire, comme dans la phrase qui conclut la section des *Recherches* où se trouve mentionné le *Serf arbitre* : « En toute rigueur, il est vrai que l'homme, tel qu'il est en général constitué, n'agit point lui-même, mais que c'est l'esprit du bien ou l'esprit du mal qui agit en lui ; et pourtant, cela

18. *Luther. Einführung in sein Denken*, Mohr Siebeck, Tübingen, 2006, p. 256. On trouve dans ce remarquable ouvrage l'analyse d'un passage (p. 92-94) qui me paraît annoncer la prévalence du *Quod* sur le *Quid* dans la philosophie positive.

ne porte aucun préjudice à la liberté, car précisément le fait de laisser agir en soi le bon ou le mauvais principe est la conséquence de l'acte intelligible qui détermine son essence et sa vie » (VII, p. 389)[19].

Qu'il me suffise, pour marquer la distance qui sépare Luther et Schelling, de rappeler le jugement du premier : « Le libre arbitre est un nom divin et ne peut convenir qu'à la majesté divine. Celle-ci, en effet — comme chante le psalmiste — peut et fait tout ce qu'elle veut dans le ciel et sur la terre. L'attribuer aux hommes, ce serait leur attribuer la divinité, c'est-à-dire le plus grand blasphème qu'on puisse concevoir » (*W* 18, p. 636). Ce que Schelling précisément fait. L'homme, cet être du centre (VII, p. 411), est divin dans la mesure même où sa liberté procède de la divine ou, pour le dire avec plus de force, dans la mesure même où il est en Dieu : « Immanence en Dieu et liberté sont si peu contradictoires que précisément le libre et lui seul, pour autant qu'il est libre, est en Dieu » (VII, p. 347; *cf.* p. 339). La liberté humaine n'est donc pas un accident de ce monde. Et lorsque le philosophe tient que l'humaine opère différemment de la divine, il lui donne un contenu plus riche puisque capable du mal dont Dieu a besoin pour sa manifestation comme amour (VII, p. 374). Pour Luther, d'ailleurs prêt à reconnaître que l'humanité est, plus que toutes les autres

19. Coleridge n'avait pas tort de souligner qu'il a fallu attendre Kant pour que le problème soulevé par la controverse qui mit aux prises Luther et Érasme fût posée correctement et résolue (*Literary remains*, IV, Londres, Pickering, 1839, p. 20). Ce que ni Luther (*cf.* *W* 50, p. 221) ni Kant n'ont pensé pouvoir élucider, et à quoi Schelling s'est audacieusement attelé, c'est l'origine du mal.

créatures, « en la divinité » (*W* 26, p. 344), l'état de dépendance ontologique suffit à disqualifier le libre arbitre (sans besoin de mobiliser la considération d'une perte de la liberté en raison du péché), ce qui entraîne l'extension de l'absence de liberté même à l'ange (*W* 18, p. 662), sans besoin non plus de recourir au théologoumène de la création de l'homme à l'image de Dieu, puisqu'elle n'implique nullement le libre arbitre (*W*, 42, p. 45). Schelling soutient, en revanche, que la dépendance n'abolit pas la liberté, car elle détermine le fait d'être par un autre, non l'essence de celui qui est ainsi devenu. Or Dieu ne peut se révéler adéquatement que dans des êtres agissant par eux-mêmes (VII, p. 346-347). Être fils n'empêche pas d'être libre, pas plus qu'être Dieu sous un pseudonyme ne révoque la divinité[20].

Lors donc que Schelling présente le jugement disjonctif : *ou toute-puissance de Dieu ou liberté humaine*, il est légitime de supposer que le dualisme antithétique[21]

20. Dans le vers d'Hugo (*L'Ascension humaine*), le Dieu sous pseudonyme, Dieu masqué, désigne évidemment l'homme. Précisons que si la dépendance ne disqualifie pas la liberté, elle détermine quand même la volonté. J'y reviendrai, en fin de chapitre, dans la note complémentaire sur l'orgueil et la mélancolie.

21. Par exemple : « Tout ce qui n'est pas le Christ n'est pas la voie, mais l'erreur, n'est pas la vérité, mais le mensonge… » Il n'est pas de moyen terme : « en dehors du Christ, il n'y a que Satan » (*W* 18, p. 779). Avec ces positions extrêmes, il était difficile de parvenir à des formules de conciliation comme celles que préconisait un Érasme en quête d'une position médiane et qui d'ailleurs ne manqua pas de blâmer les hyperboles de son contradicteur. En réalité, les formules conjonctives de Luther (être à la fois Christ et Satan) expriment simplement le devenir, la justification étant un processus.

de Luther fait partie de la théorie de ceux, la plupart, qui nient la liberté de l'individu afin de préserver l'omniscience divine — « la prescience et l'omnipotence de Dieu sont diamétralement opposés à notre libre arbitre » (*W* 18, p. 718) —, c'est précisément l'opinion à laquelle le philosophe ne se range pas (VII, p. 339).

§ 4. C'est un des effets, chez Luther, de l'omnipotence et du libre arbitre exclusif de l'unique Dieu qu'il provoque le malheur (*W* 40, II, p. 417) et agit en Satan, le poussant même à tenter l'homme (*cf.* *W* 16, p. 143). « La colère de Dieu qui nous épouvante est de son côté (*pro se*) » (*W* 20, p. 609). C'est manifestement là l'une des sources de la théorie schellingienne du Fond comme essence terrible de Dieu.

Il est toutefois à noter que la conception luthérienne de la colère de Dieu est plus complexe, car il y a des textes où elle tient compte du point de vue humain. Dieu semble tout colère à la conscience coupable (ayant trahi l'amour) suivant la règle qui édicte qu'il apparaît à chacun selon ce qu'il croit (*W* 17, II, p. 66). C'est ainsi que ce qui n'est pas (ou ne correspond pas à l'essence de Dieu qui est compassion) devient vrai. Dans tous les cas, que la colère soit objective ou subjective, elle n'appartient qu'à l'œuvre étrangère (*opus alienum*) de Dieu produite comme malgré lui (« quod contra naturam suam suscipit »), non à son œuvre propre (*opus proprium*) qui, de miséricorde, est effectuée selon sa nature (*quia haec est de natura Dei*) (*W* 42, p. 356). C'est seulement par la foi (non par la raison) qu'il est donné à l'homme de saisir comment un Dieu en colère est *aussi* miséricordieux (*W* 18, p. 633) et, réciproquement, comment c'est l'amour éternel qui a bâti l'Enfer. Porte-t-on l'accent sur la conjonction, une sentence de l'écrit de 1809 s'en trouvera confortée : « ... c'est le même être qui domine dans le bien par la volonté de l'amour, et dans le mal par la volonté de la colère » (VII, p. 409) et pourrait revendiquer un lignage qui remonte au traité fulminant de 1525. Un peu comme, chez Schelling, l'amour est fondé sur l'égoïsme et la colère (VII, p. 439), pour Luther, l'œuvre propre prend appui sur l'œuvre étrangère qui doit la protéger ; deux instrumentalisations — à ceci près que le rapport là est de surmontement, ici de simple voilement. Mais chez Luther également l'acte de surmonter doit être envisagé dès lors que dans le Christ la volonté d'amour domine la volonté de châtiment et que cela dont il doit délivrer le pécheur est bien « l'éternelle colère de Dieu », non quelque servitude humaine ou pouvoir des tyrans (*W* 40, II, p. 3).

L'opposition entre le théologien du serf arbitre et le philosophe de la liberté paraît frontale pour peu qu'on prenne en considération la position quasi anarchique du jeune Schelling. Il en va autrement dans les *Recherches* qui font porter leur puissant effort d'élucidation sur un Dieu créateur doté de volonté.

II. LE DYOTHÉLISME DIVIN

§ 1. *Dyothélisme* est un terme qui sert en théologie à désigner la doctrine affirmant en Christ deux volontés : une divine, expression de sa nature divine, et l'autre humaine, dimension de sa nature humaine intégrale. Cette doctrine, âprement défendue par Maxime le Confesseur contre le monothélisme (prétendant qu'en

Christ une seule volonté, la divine, est effective) imposé par le pouvoir impérial afin de réconcilier les monophysites (tenants de l'unique nature) avec les Chalcédoniens (tenants des deux natures sans mélange) fut adoptée par le concile de Constantinople III. Schelling reprend implicitement le concept dès l'instant où il étend à tout homme la détention d'une double volonté. En effet, il propose de ranimer le terme de monothélites pour qualifier ceux qui professent que l'homme n'est doté que d'une seule volonté (VII, p. 372), contre quoi il affirme, pour sa part, que l'on possède une volonté universelle qui tend à la règle et, en tant que créature, une volonté propre (*Eigenwille*) qui est aveugle (passion et convoitise) tant qu'elle ne s'est pas unie à l'entendement. C'est grâce à ce dyothélisme anthropologique que Schelling est à même de proposer sa théorie du mal comme perversion des principes. Mais parallèlement, il développe aussi un dyothélisme théologique qui ne laisse pas de rappeler celui qui est à l'œuvre dans le *Serf arbitre*. Il est a priori admissible que lors même que l'idée dominante du traité luthérien avait tout pour rebuter le philosophe, il était susceptible de s'n inspirer. Si les *Recherches* de 1809 appartiennent au lignage du traité de 1525, c'est d'ailleurs moins par le thème de la liberté que par celui de la volonté, car pour les deux auteurs, l'être originaire est avant tout volonté. Or c'est d'être essentiellement volonté dans la volonté divine qui garantit, chez l'un, la liberté humaine, et c'est d'être volonté hors de la volonté divine et bientôt contre elle qui, chez l'autre, abolit l'exercice et même la notion de libre arbitre humain.

§ 2. C'est pour trouver une solution aux objections qu'oppose la Bible à sa doctrine de la grâce dans la mesure où elle aboutit à la théorie de la prédestination, que Luther introduit l'opposition audacieuse : « On ne saurait parler dans les mêmes termes de la volonté de Dieu qui est prêchée, révélée, offerte à notre adoration, et de la volonté de Dieu qui n'est pas prêchée, ni révélée, ni offerte à notre adoration. Dans la mesure où Dieu se cache et ne veut pas être connu de nous, il ne nous concerne pas. C'est ici que s'applique le proverbe : *quae supra nos, nihil ad nos,* ce qui est au-dessus de nous n'est pas notre affaire » (*W* 18, p. 685), qui rappelle qu'il n'est pas légitime de désirer pénétrer les secrets de la majesté divine au lieu de simplement les révérer (*W* 18, p. 706). Commentant le Psaume 8, Luther avait distingué deux titres, celui de *Seigneur* (*Domine*) qui représente la divinité suprême persistant en elle-même, et *Notre Seigneur* (*Dominus noster*) désignant le *Deus revelatus* lequel dirige les hommes par la parole de foi accomplie du fait de l'incarnation du Christ (*W* 5, p. 251)[22]. Il est à observer que Luther fait pour ainsi

22. Voir aussi le *Commentaire de la Genèse* où il écrit que la connaissance de Dieu se ramène à celle de sa nature et de sa volonté telles que *révélées* dans sa Parole, là « où il promet qu'il sera mon Seigneur » (*W* 44, p. 592). On notera que le dyothélisme du *Serf-arbitre* ne recouvre que partiellement la distinction scolastique entre la *voluntas signi* et la *voluntas beneplaciti* dont Luther fait par ailleurs état (*W* 42, p. 292-295). Il lui arrive d'en inverser les termes, le choix d'un salut universel n'étant pas, selon le *Serf-arbitre*, le fait de la volonté occulte, alors qu'il fait précisément l'objet de la volonté de bon plaisir (par exemple, Bonaventure, *Commentaire des Sentences*, I, dist. XLVI, art. unique, q. 1).

dire une entorse à son propre axiome négatif lorsqu'il tient que la volonté divine est abyssale, comme nous l'avons vu (*W* 18, p. 712) car, ce faisant, il promeut une certaine connaissance de Dieu comme prenant des décisions *infondées* et non seulement incompréhensibles par nous. Si le pourquoi de tel choix aux conséquences irréversibles reste à jamais enclos dans l'abscondité, y échappe par contre le pourquoi de l'arbitraire du choix. Si notre entendement ne comprend pas ce qui est en dehors du temps ou antérieur à l'univers, il sait du moins qu'il y a là une volonté.

Il ne suffit pas pour être rassuré de se fier à sa Parole *ad extra* laquelle veut que tous les hommes soient sauvés (*W* 18, p. 686, citant I Tim 2:4), car sa Volonté insondable ne s'est pas toute déclarée — tant dans l'Écriture que dans le mouvement de la grâce ! Il convient de noter que le théologien manie deux modalités de l'abscondité divine : celle sous le contraire qui a fait l'objet de la théologie de la Croix est autre que celle qui relève de l'invisibilité de l'essence. Pour être caché, le Dieu de la théologie de la Croix n'en est pas moins révélé. Du fait de cette double abscondité, Luther pourra soutenir que la volonté salvifique manifestée dans le Christ n'épuise pas le tout de la décision divine. Et de fait, ce que le Christ exprime, c'est « la volonté aimable de Dieu » et « là où Dieu est le plus doux » (*W* 10, III, p. 154). Ce pour quoi, évidemment, une médiation entre l'homme et le Christ n'est nullement nécessaire. Le propos du Réformateur se laisse exprimer comme suit par le voix de l'un de ses turbulents héritiers : « Sans doute, Dieu est amour, mais non amour des pécheurs. Il ne l'est qu'en Christ, c'est-à-dire dans la rédemption »[23].

À cet égard, Luther reproche à Érasme, plus tard élevé à la dignité de roi amphibole (*W B* 7, p. 36), de n'avoir su faire le départ entre la Volonté inconnaissable (que l'on doit craindre et adorer, non scruter) et la Parole du salut. Tel est d'ailleurs le théâtre où se joue la prédestination[24]. Nul ne peut savoir pourquoi Dieu ne redresse pas les inclinations perverses de certains, sachant qu'ils en sont incapables par eux-mêmes (*W* 18, p. 634), ni même pourquoi il leur impute la responsabilité de leurs actes (*W* 18, p. 686), ce que Luther reconnaît incompréhensible (*W* 18, p. 708)[25].

23. Kierkegaard, *Journaux et carnets de notes*, II, Paris, Fayard-Orante, 2013, p. 160.
24. Le thème propre de la prédestination qui apparaît dans le cours sur l'Épître aux Romains (*W* 56, p. 381-382) conduit Luther à professer que le Christ n'est pas mort pour tous (*W* 56, p. 385). C'est pour échapper à cette dernière conséquence qu'il est amené à proposer son dyothélisme divin.
25. Il est à noter que Luther inverse l'ordre scolastique pour qui c'est la volonté antécédente qui opte pour le salut universel. La volonté inconnaissable ne s'explique pas chez lui par le recours aux circonstances, aux moyens ou au temps desquels dépend la volonté conséquente laquelle prescrit la damnation de certains (*cf.* Thomas d'Aquin, *Somme théologique*, I, q. 19, a. 6, sol). La volonté conséquente thomasienne correspond plutôt à la volonté inconnaissable luthérienne en ceci que c'est là où la volonté de Dieu s'accomplit sans déception. Je vois dans la proposition suivante une manière ironique de réfuter Luther : « Je connais le Dieu Inconnu (...). Je connais son nom ; c'est Satan. Le véritable Dieu s'est fait chair et a résidé parmi nous » (Chesterton, *The Purple Wig*, in *The Complete Father Brown Stories,* Ware, Wordsworth Editions, 2006, p. 274).

Il n'est pas déraisonnable de penser que Dieu ne se révèle pas entièrement. Lors même qu'il manifeste activement sa miséricorde, il retient par devers soi une volonté. Est-ce une manière de dire qu'il est capable des contraires ? Par cela qu'une volonté se décline positivement, elle ne prévaut pas sur l'autre, mais lui demeure soumise. Autrement dit, la Parole de salut ne surmonte pas la Volonté cryptique qui se maintient souveraine et libre : « Dieu fait beaucoup de choses qu'il ne nous révèle pas par sa Parole. Il veut aussi beaucoup de choses dont sa Parole ne nous révèle pas qu'il les veut. C'est ainsi qu'il ne veut pas la mort du pécheur, selon sa Parole ; mais il la veut, selon cette volonté insondable ». Si le Dieu prêché entend délivrer son peuple de la mort, « le Dieu caché dans sa majesté ne déplore ni ne supprime la mort, mais il produit la vie, la mort et tout en tous. Car il ne s'est pas assigné des limites par sa Parole, mais il a conservé sa liberté au-dessus de toutes choses » (*W* 18, p. 685). Ne dira-t-on pas toutefois que l'effet de cette volonté se fait sentir (par une sorte de manifestation négative) aussitôt que l'homme de foi considère les divers infidèles ? Puisque seule la grâce assure le salut, la réprobation du Dieu caché enveloppe cette fraction de l'humanité qui n'est pas invitée à s'agréger à la communauté des justifiés.

Tout se passe comme si la théorie du *Deus absconditus* provenait du souci d'accommoder, sans pouvoir les harmoniser, deux séries de textes scripturaires, celle qui met en avant le rôle de la grâce sélective et la fonction de l'élection, et celle qui conçoit un salut universel, et ceci aux dépens d'une troisième série, qui privilégie la thèse de la coopération des œuvres pies au salut (un péché contre la grâce et l'Esprit-Saint). C'est bien parce qu'il nie le libre arbitre humain — pour ce qui regarde le salut, non les choses inférieures, également dites extérieures (*W* 18, p. 638, 781)[26] — que le Réformateur est amené à poser un dyothélisme divin[27] qui, s'il n'est pas sans mettre à mal l'unité divine, favorise une dévotion qui ne fait pas fi de la crainte : « La volonté divine s'accomplit en nous par une nécessité. (...) Il ne reste à l'homme aucune liberté et tout dépend de la volonté de Dieu. Il [Paul] leur ordonne de se taire et d'adorer la majesté de la puissance et de la volonté divines, à l'égard de laquelle nous n'avons aucun droit, mais qui possède à notre égard le droit plein et entier de faire ce qu'elle veut. Nous ne sommes victimes d'aucune injustice, car elle ne nous doit rien, elle n'a rien reçu de nous, et elle ne nous a rien promis que ce qui lui a plu » (*W* 18, p. 717). Le Réformateur fait d'ailleurs malicieusement remarquer que les gens ne protestent pas lorsque Dieu se montre animé de partialité en sauvant des hommes qui ne l'ont pas mérité, et cela contre toute saine raison (*W* 18, p. 730-731). C'est être intéressé que de le trouver injuste lorsqu'il condamne des coupables lors même qu'on ne s'insurge pas de le voir en

26 Ce que ne veut pas remarquer Schopenhauer, soucieux qu'il est d'annexer le *De Servo arbitrio* à sa réfutation de la liberté de la volonté humaine (*Die beiden Grundprobleme der Ethik,* Frankfurt am Main, 1841, p. 64).

27. Je tiens à signaler que pour ce qui est du Christ, Luther penche pour le monothélisme dont la pierre de touche est l'interprétation de l'acceptation de la Coupe à Gethsémani (*cf.* J. Hatem, *Les Agonies du Christ,* Paris, Éd. du Cygne, 2010, ch. I-II). Or, au lieu d'y constater une liberté humaine à l'œuvre, il souligne, dans ses sermons sur la Passion, la *nécessité* où le Christ se trouve de sauver le monde.

sauver d'autres, thème qui touche à la problématique de l'amour pur que Luther n'a pas manqué d'effleurer.

Qu'est-ce que l'amour pur ? La vénération de Dieu non pour sa grâce et ses dons, mais pour lui seul, dit Luther dans son cours sur l'Épître aux Romains (*W* 56, p. 305). Bien avant Fénelon, il a retenu le critère de la damnation, comme il est précisé dans les scolies du Cours : « Nul ne sait s'il aime Dieu d'un amour pur, à moins d'avoir éprouvé en soi-même qu'il ne désire même pas être sauvé, qu'il ne refuse même pas d'être damné, si cela plaît à Dieu » (*W* 56, p. 391). Ce n'est pas ici qu'on trouvera exprimée formellement la supposition impossible car Dieu détient précisément le pouvoir d'abandonner qui il veut à la damnation. Mais l'idée est bien là et la forme apparaît dans le contexte d'une disqualification de la théologie des mérites. En effet, si on fait le bien par crainte du châtiment ou afin d'obtenir le Royaume, on ne l'obtiendra jamais et on sera rangé au nombre des impies qui même en Dieu ne cherchent que leur intérêt. Le traité du *Serf-arbitre* précise : « Mais les enfants de Dieu font le bien par volonté désintéressée, ne recherchent aucune récompense mais la seule gloire et la seule volonté de Dieu ; ils seraient prêts à faire le bien même si, par impossible, il n'y avait ni Royaume ni enfer. Je pense que cela est suffisamment confirmé notamment par cette seule parole du Christ : “Venez, les bénis de mon Père ; prenez possession du Royaume qui vous a été préparé dès la fondation du monde” (*Mt* 25:34). Comment mériteraient-ils ce qui est déjà à eux et qui leur a été préparé avant qu'ils existent ? Au point que nous pourrions dire plus correctement que c'est plutôt le Royaume de Dieu qui nous mérite, nous qui sommes ses possesseurs, et que nous plaçons le mérite là où eux placent la récompense, et la récompense là où eux placent le mérite » (*W* 18, p. 694). Il y a matière à distinguer deux motifs de l'amour pur, selon qu'il est premier et selon qu'il est second. En effet, lorsque Luther écrit, qu'il faut servir Dieu librement et gratuitement parce qu'il nous a ainsi donné sa grâce (*W* 2, p. 720), le critère de la damnation n'est pas pris en compte. On doit faire le bien parce qu'on a déjà reçu le salut : « Fais tout le bien que tu peux faire et dirige ta vie tout entière de telle façon qu'elle soit bonne : or, elle est bonne lorsqu'elle est utile aux autres et non à toi ; car tu n'en as pas besoin, puisque Christ a tout fait et tout accompli pour toi et t'a donné tout ce que tu peux chercher et désirer pour toi-même — que ce soit la rémission des péchés, l'acquisition du salut, ou de quelque nom qu'on le nomme » (*Œ* X, p. 58). Le désintéressement ne dérive donc pas d'une hyperbole de l'amour humain qui renonce à la possession de l'aimé ou d'un anéantissement de la revendication de l'ego. Il provient d'une saturation absolue : la demande essentielle est déjà entièrement satisfaite. La Croix rédemptrice a tout simplement épuisé le désir essentiel. On peut encore désirer propager la bonne nouvelle, mais ce ne sera jamais que pour avoir été soi-même sauvé. Autre paraît donc le désintéressement qui s'est frotté à la pierre de touche de la damnation, et qui requiert bien évidemment la considération d'un Dieu caché dont les desseins ne doivent sembler que redoutables.

Bref, à l'encontre d'une théodicée[28] qui voudrait, pour la sauvegarde de la bonté de Dieu, défendre bec

28. Quoique le terme n'ait pas encore été forgé, Luther annonce Leibniz en ce qu'il observe que l'intellect demande que Dieu

et ongles la thèse du libre arbitre, Luther soutient que « la foi et l'esprit (…) croient en un Dieu bon, même s'il vouait tous les hommes à la perdition » (*W* 18, p. 708)[29]. Pour le dire autrement : la foi appelle de soi à l'amour pur. On constate que même si l'idée du renoncement total à la volonté propre et, par elle, à tout intérêt, provient de la lecture de la *Théologie allemande* publié par ses soins en 1518 (voir *W* 1, p. 378-379), Luther a su initier ses propres conceptions. Les bonnes œuvres ne seront jamais que celles de Dieu : « Justifiés par la grâce, nous faisons alors les bonnes œuvres. En effet, le Christ lui-même fait tout en nous » (*W* 39, I, p. 46).

§ 3. Une simple accentuation du dyothélisme divin nous transporterait dans un paysage dualiste. Cette impression doit être atténuée. Il n'empêche que l'on est en droit de se demander si un relent de marcionisme n'affecte pas la doctrine du Traité, impression renforcée d'ailleurs par une insinuation de la Diatribe d'Érasme (IV, 7) à laquelle Luther entend répliquer. On se trouve sans nul doute dans le climat d'un dualisme non ultime, car en Christ c'est Dieu même, l'Unique, qui se révèle bien que demeure préservée en lui l'abscondité essentielle. Comment la miséricorde divine agissant dans l'Incarnation s'accommode avec

agisse selon le droit humain et rende des comptes. Pareille reddition annonce l'universalité du principe de raison.

29. La distance demeure infranchissable entre le Dieu de Luther libre de toutes les normes humaines et la formule nietzschéenne d'un au-delà du bien et du mal, quoi qu'en pense Chestov (*Luther et l'Église*, tr. S. Sève, Paris, Le Sycomore, 1983, p. 117).

la volonté latente, il n'est guère donné de l'apprendre. Du moins deux choses sont certaines : d'abord, que la prédestination, comme marque d'une préférence, est la signature d'un Dieu personnel : « Si nous dépouillons Dieu de son pouvoir d'élection, que sera-il sinon une idole dans le genre de la déesse Fortune, symbole du destin aveugle ? » (*W* 18, p. 706) ; ensuite, que sans dualité relative, la liberté divine ne dispose pas d'un théâtre pour ses opérations.

Pour être dynamique, comme on le voit, le Dieu de Luther ne laisse pas d'être inquiétant et court le risque de prendre une forte teinte de démonique, ainsi que le signale Tillich en conclusion de son article de 1926 sur le *Concept de démonique et sa signification pour la théologie systématique*[30]. Dyothélisme divin et démonisme, deux bonnes raisons de songer à un recoupement avec *les Recherches sur la liberté humaine*.

§ 4. Ce qui frappe d'entrée de jeu dans l'écrit de 1809, c'est l'aisance avec laquelle il transgresse l'interdit luthérien de ne pas enquêter sur la nature du Dieu caché ou même simplement sur son projet (*cf.* *W* 5, p. 173). L'esprit spéculatif couplé à la fréquentation de Jacob Boehme explique sans doute les audaces des *Recherches*. Bien que Schelling maintienne le paradigme de l'abscondité (celle du fond obscur de Dieu comme existant), le contenu manifesté est bien plus ample que celui dont parle Luther car il est également cosmique.

30. Tillich, *Gesammelte Werke*, Stuttgart, Evangelisches Verlagswerk, 1958-1983, VIII, p. 291.

S'il y a une notion centrale dans le Traité, c'est bien celle de volonté comme être primordial (VII, p. 350 ; *cf.* U, p. 24) qui donne résolument primat à la volonté par rapport à la pensée. Schelling accumule les manières de décliner l'être originaire. Parce qu'il a besoin de multiplier les causes afin de penser la création, il inscrit cet être originaire dans une tension qui met en jeu la volonté de l'amour (consciente et réflexive) et la volonté du fond (proconsciente[31] et irréflexive), qui toutes deux, étant pour soi, possèdent une relative autonomie. La première se rapporte à Dieu en tant qu'esprit, c'est-à-dire comme lien entre les deux principes (l'idéal et le réel). Elle est donc personnelle et personnalisante. Et la prime réalité qu'elle personnalise est Dieu lui-même (VII, p. 395). On se souvient de la définition schellingienne de l'amour comme de ce qui lie ceux qui pourraient être chacun pour soi et cependant ne le sont pas et ne pourraient être l'un sans l'autre (VII, p. 408). La volonté du fond, elle, est une pulsion de révélation, le désir qu'éprouve l'Un de s'engendrer soi-même (VII, p. 395) et de se spiritualiser. Mais comme le fond est celui de Dieu et qu'une révélation ne saurait s'étaler à l'infini, de crainte d'éliminer le révélé en le privant de son ipséité, le mouvement d'auto-déploiement enveloppe un mouvement de repliement. « Le désir, éveillé par l'entendement, s'efforce maintenant de retenir l'éclair de vie qui s'est pris en lui, et de se refermer en lui-même pour que demeure toujours un

31. Je propose ce vocable faute de mieux, car si la volonté du fond n'est pas consciente, elle n'est pas non plus totalement privée de conscience (VII, p. 395) et veut l'entendement (VII, p. 359).

fond » (VII, p. 361). Ce geste de retour à soi exprime donc un aspect de la volonté du fond. Il se tient en face de la volonté de révélation comme ce qui lui oppose une résistance et doit nécessairement réclamer le secret et par là l'inintelligibilité. Schelling évoque ici une « autre volonté qui tend à retourner vers l'intimité de l'être » (VII, p. 396). Il a donc fallu que la volonté de révélation se fût déclarée pour que l'autre y réagît. La volonté de secret est seconde : elle est déjà une mystérialité réfléchie, soucieuse d'elle-même ou disons même frileuse devant une intelligibilité plénière. Il convient évidemment de comprendre cette résistance comme interne à la divinité, précisons : à la volonté du fond. Outre donc la dualité de la volonté de l'amour et de celle du fond, cette dernière recèle une tension interne comme ce qui veut et contreveut. Le contrevouloir n'est pas un non-vouloir. Nul quiétisme ici, mais un vouloir palinodique, qui exige le maintien de soi non pas comme ce qui refuse *a priori* la créature à l'instar de l'égoïsme divin dans les *Conférences de Stuttgart*, mais comme ce qui, pour réaffirmer le soi cherchant à se communiquer, le protège derrière le rempart d'un inexpugnable mystère. Ambiguïté qui est à la racine de la vie luttant avec elle-même pour s'exprimer en se dotant d'une forme. C'est d'ailleurs à la faveur de la résistance que la décision libre se fait. Si le désir ne saurait par lui-même passer pour une décision libre, il y contribue fortement en ce qu'il est assumé par Dieu distingué du fond. C'est en effet à la ligature du désir et du Verbe (l'entendement) qui est proprement la réponse de Dieu à la volonté du fond que l'on doit la production de l'univers.

On observe donc deux polarités : l'une entre la volonté de l'amour et la volonté du fond, l'autre à l'intérieur de la volonté du fond entre la pulsion de manifestation et la pulsion de rétraction. Nous savons que Dieu est amour seulement en tant que lien des principes. Mais ce qu'il veut d'abord, dans l'ordre de l'efficience, c'est lui-même, car dans l'*Ungrund*, qui ignore la différence de Dieu et du fond, il n'est encore qu'en latence et promesse (*cf.* VII, p. 406). En effet, le Non-Fond est précisément le non-manifeste, ce qui *formellement* correspond au Dieu caché luthérien, avec cette dissemblance que ce dernier est déjà une personne. Mais cette équivalence ne touche pas à l'essentiel. D'abord il n'y a pas chez Luther de réalité abyssale comprise comme indifférence originelle. Il y a une volonté révélée comme volonté de salut universel et une autre volonté dévoilée par ses effets, la vie et la mort, la foi et la non-foi, la justification et la non-justification, sans qu'il soit donné de pénétrer ses motivations, ce pour quoi elle est dite cachée. Par la sélection qu'elle opère, décision de sauver certains et non les autres, elle rappelle la schellingienne volonté du fond de se révéler et de ne pas se révéler en totalité. Mais alors qu'elle emprunte décidément la forme disjonctive, la volonté du fond, elle, choisit la forme conjonctive. Et si cette conjonction n'aboutit pas à la pathétique rotation évoquée par les *Âges du monde* (*WA*, p. 42), un terme l'emporte ici sur l'autre dès le principe sans toutefois l'abolir. Un écho du repli sur soi en persiste dans tout ce qui existe, y compris la nature, comme un fond chaotique réfractaire à la rationalité car *toujours subsiste un irréductible reste obscur* (VII, p. 360, 434).

Alors que Schelling fait la volonté d'amour dépendre de la volonté du fond pour ensuite la surmonter, Luther accorde l'ultime décision à la volonté latente aux dépens de la volonté révélée. Il ne reste plus qu'à espérer contre toute espérance ou, dans les termes de Luther évoquant la lutte de Jacob avec l'ange, qu'à « vaincre Dieu contre Dieu » (*W* 5, p. 167). Que si l'on considère que la théorie du Dieu caché est propre à favoriser la destruction de la confiance en soi et par là à se confier à la miséricorde de Dieu[32], la volonté du Dieu caché en sa majesté perdrait sa prévalence. Mais ce serait, à mon sens, confondre à tort deux paradigmes, celui de la volonté non manifeste de Dieu (dont il a été question dans le traité du *Serf arbitre*) et celui de la colère divine sous laquelle se dissimule la miséricorde. D'ailleurs, le révélé du Dieu caché sous la colère est le contraire du révélé du Dieu caché en majesté.

§ 5. En faisant de la volonté du fond une volonté de révélation, Schelling entreprend d'expliciter (ce à quoi Luther se refuse) le lien entre Dieu et le mal, car bien que le fond de Dieu ne soit pas le mal en soi, il en est une des conditions de possibilité et l'origine efficace (le levier) pour autant qu'il incite l'individu, en vue de sa manifestation vitale aiguë, à revendiquer la possession de soi (VII, p. 375, 400), ce qui est de nature à renverser en lui les principes afin d'ériger sa finité en être-soi (VII, p. 370). Tout se passe donc comme si Schelling avait conçu le projet de remplir une case que le dyothélisme théologique de Luther avait laissée vide.

Ce faisant, ne risque-t-il pas de porter la raison humaine à outrepasser ses pouvoirs et à encourir les

32. *Cf.* Paul Althaus, *Die Theologie Martin Luthers*, Gütersloh, Gütersloher Verlagshaus, 1963, p. 245-247.

reproches du Réformateur ? Il y a aussi de l'infranchissable pour Schelling, mais situé à une autre altitude que celle qu'envisageait Luther. Pour ce dernier, « c'est une absurdité de disputer à l'envi de Dieu en dehors du temps et avant le temps, parce que cela revient à vouloir comprendre la divinité nue, le pur Être divin. Comme cela est impossible, Dieu se voile en ses œuvres (son faire) et en de certaines figures, comme il se renferme de nos jours, entre autres, dans le baptême ; si tu t'éloignes de cela, tu perds du même coup la mesure, le temps et le lieu, et tu arrives au pur néant dont selon la déclaration du philosophe (Aristote), aucune science n'est possible » (*W*, 42, p. 10). C'est ainsi que le philosophe cite le théologien commentant la *Genèse* dans un brouillon des *Âges du monde* (*WA*, p. 219) en l'approuvant dans les termes d'un accord entre « un passage très vigoureux du Dr Martin Luther » et son idée qu'il y a une frontière que l'homme ne doit pas transgresser s'il ne doit pas sombrer dans le gnosticisme ou la kabbale. Or cette frontière ne passe pas entre l'homme et Dieu (comme chez Luther), mais entre Dieu et Dieu. En effet, Schelling prend la déclaration apocalyptique sur l'alpha et l'oméga qu'est le divin comme impliquant que « c'est éternellement qu'est pris en ce mouvement ce qui s'est voilé d'une lumière inaccessible, que nul n'est même de voir ni d'exprimer. Ce n'est pas seulement par rapport à nous, ce n'est pas seulement pour l'homme, mais par nature qu'il était à lui-même invisible, indivisible, impensable ». La frontière est ainsi infranchissable non seulement pour l'homme, mais tout aussi bien pour Dieu (*WA*, p. 218). Une idée frappante qui semble plus proche de Scot Érigène évoquant « la merveilleuse ignorance divine par quoi Dieu n'intellige pas ce qu'il est »[33] que de Luther. Voici que la liberté divine n'est plus transparente à elle-même. Le dyothélisme finit par reléguer un pan de Dieu dans les ténèbres de l'ignorance de soi. Au Monarque il est donné de savoir comment il se gouverne, non comment il se produit comme volonté pure. Tout se passe comme si Schelling extrapolait le jugement de Luther suivant lequel la parole et l'œuvre de Dieu sont incompréhensibles à toute raison (*unbregreifflich aller vernunft*), ainsi qu'aux anges (*W* 26, p. 318), car c'est en quelque sorte à Dieu même *en tant que raison* qu'échappe la science de l'abysse divin.

Ces considérations rappellent une magnifique sentence de Chateaubriand : « Par delà le sanctuaire du Verbe s'étendent sans fin des espaces de feu et de lumière. Le Père habite au fond de ces abîmes de vie. Principe de tout ce qui fut, est, et sera, le passé, le présent et l'avenir se confondent en Lui. Là sont cachées les sources des vérités incompréhensibles au ciel même : la liberté de l'homme et la prescience de Dieu »[34].

III. NOTE COMPLÉMENTAIRE : ORGUEIL ET MÉLANCOLIE

Luther a toujours considéré que la mélancolie était l'œuvre du diable (*W T*, 2, p. 468), un poison et une mort pour tous les hommes (*W B*, 7, p. 66). Il lui a échappé que c'est à ce mal qu'est due la rébellion de l'archange. L'orgueil, son motif visible, s'avère en réalité sa conséquence. C'est en tout cas la conclusion à laquelle le

33. *Periphyseon*, II, PL 122, 590C.
34. *Les Martyrs*, III.

lecteur du *Paradis perdu* de Milton est irrésistiblement conduit dès lors qu'il a également sous les yeux les *Recherches sur la liberté humaine*. Dès l'orée de l'épopée, l'orgueil est incriminé de celui qui se flatta d'égaler le Très-Haut[35]. Plutôt le néant (« *cared no to be at all* ») qu'être moins puissant que Dieu ![36]. D'où ce sentiment émane, la suite le montre clairement : d'un refus de la dette infinie contractée par la créature en tant que telle. Au Créateur est naturellement dû le remerciement : « Que pouvais-je faire de moins que de lui offrir louange ? »[37] Mais voici :

> « Élevé si haut
> J'ai dédaigné la sujétion et pensé qu'un degré plus haut
> Me mettrait au plus haut ; qu'en un moment j'acquitterais
> La dette immense d'une gratitude infinie,
> Si lourde ; toujours payer, toujours devoir »[38].

N'avoir guère été son propre géniteur, c'est cela qui l'afflige lors même que la liberté se propose au sentiment comme ce qui commence de soi-même. Trouver sa perfection dans la conversion à soi-même en l'opération de la liberté ne suffit guère si cette dernière ne traduit pas la conversion dans l'ordre de la substance, autrement dit une conscience d'autarcie qui, parce qu'elle s'étend à l'être entier, n'accepte de se reconnaître que dans l'être par soi (l'*aséité*) en sorte qu'il

35. *Paradise Lost,* I, v. 36, 40.
36. *Ibid.*, II, v. 47-48.
37. *Ibid.*, IV, v. 46.
38. *Ibid.*, IV, v. 49-53.

est permis de penser que l'orgueil ne fait que réagir à sa condition d'être par autrui (l'*abaliété,* de *ab* et *alio*).

Or, à en croire Schelling, c'est la crise dans une conscience (ou son vœu) d'autosuffisance qui cause la mélancolie où l'ipséité : « L'homme n'a jamais la condition en son pouvoir, même si dans le mal il y aspire ; celle-ci ne lui est jamais que prêtée et demeure indépendante de lui ; c'est pourquoi sa personnalité et son ipséité ne peuvent jamais s'élever jusqu'à un acte parfait. Telle est la tristesse inhérente à toute vie finie (...). D'où le voile d'affliction qui s'étend sur toute la nature, la profonde et inamissible mélancolie de toute vie » (VII, p. 399).

Être constitué par un autre comme créature, psychisme ou personne morale, tel est l'intolérable, le traumatisme originel de la conscience native qui ne trouve pas mieux que d'être abattue, ce qui est, d'ailleurs, de nature à l'enfoncer en elle-même, à la recomposer dans une conscience réfléchie certes en soi, mais séparée. Pour sortir de son accablement, s'ouvrent devant elle deux voies, soit la reconnaissance (en ces deux acceptions), soit la tentative de devenir le fils de ses propres œuvres. Parce que la reconnaissance a chance d'établir un rapport d'estime réciproque, on peut croire qu'elle pourrait servir à l'acquittement. Mais il n'est service de la créature ou piété filiale qui y réussiraient car, pour être également morale, la dette est essentiellement ontologique, ce pour quoi elle est déterminée par une causalité irréversible et sans réciprocité : l'être humain peut engendrer mais pas ses parents. C'est précisément parce que l'abaliété inaugure le temps qu'elle maintient sa rigueur tout au long.

Le sursaut d'orgueil s'avère un effet de la phase maniaque de la mélancolie bipolaire dans laquelle l'ipséité recluse en soi s'élance à la conquête des cimes et s'enfonce dans des projets par définition irréalisables comme d'affronter « une puissance suprême »[39].

Reste à se demander quel rôle tiennent dette et sursaut dans la constitution de l'égoïté. Alors que l'accusation reconnaissante de la réception de soi par autrui confère légèreté à l'existence, et par là un sentiment de liberté vis-à-vis de soi, la dette insolvable, par le poids qu'elle exerce, rive l'égoïté à l'ipséité en s'aggravant dans une crispation qui sait, pour son malheur, reposer sur le néant que ne cessent de rappeler la contingence de la créature et parfois sa précarité ontologique.

39. *Ibid.*, I, v. 100.

Chapitre II

Des choses divines et de leur ironique révélation

« Sous un manteau
de bure erre un dieu
camouflé ».

Hjalmar Gullberg

I. DE L'IRONIE

§ 1. De l'éclat insoutenable de Dieu, l'intelligence humaine, au gré de ses expériences, approche à pas mesurés et comme à reculons. Invisible, Dieu paraît inconnaissable et même incompréhensible. Sa proximation dans le mystère de ses actes ne le priverait pas de se retirer au plus loin, dans les abysses de son être, si bien qu'on a pu parler de Son éclipse. Son abscondité n'entrave pourtant pas sa contemplation du monde et sa décision de le juger. De surcroît, il est notoire que Dieu se révèle. Est-ce totalement, ainsi que le pensait Hegel, en ceci aussi peu luthérien que possible[1] ? Est-ce un aspect de Lui-même plutôt qu'un autre, cette puissance de salut dont Il libère la capacité et non son essence demeurée enfouie ? Dira-t-on qu'Il est susceptible de présence sur le mode de l'absence ? Ou, inversement, d'absence sur le mode de la présence ? Mais là même où Il se communique, c'est, pour la conscience humaine, selon un mode paradoxal qui excède la compréhension. La première Épître aux Corinthiens osa énoncer : « Ce qui est folie de Dieu est plus sage que les hommes et ce qui est faiblesse de Dieu est plus fort que les hommes » (1:25). À son habitude, Luther en tire une conclusion extrême : « Les chemins que Dieu prend sont purs chemins de folie et d'insanités » (…) « Dieu est un homme qui a envie de faire ce qui est fou et inutile aux yeux du monde » (*W* 19, p. 484).

La Philosophie de la Révélation de Schelling peut en partie passer pour un commentaire de la saisissante formule de saint Paul. Après l'avoir citée, le philosophe explique : « Le fort seul peut ou a le droit d'être faible. Aux hommes d'un bon naturel, qui veulent absolument avoir un Dieu raisonnable selon leur idée, on peut répondre avec J. G. Hamann : n'auraient-ils donc encore jamais remarqué que Dieu est un génie qui ne se soucie

1. Admis, avec Hegel, que la vérité soit, lui faut-il nécessairement apparaître ? Ou encore, accordé que l'essence doive apparaître, est-il pour autant requis qu'elle le fasse intégralement dans le phénomène, autrement dit qu'elle passe toute dans l'existence ? (*cf. Encyclopédie*, § 131).

guère de ce qu'ils appellent raisonnable ou non raisonnable ? Il n'est pas donné à chacun de comprendre la profonde ironie de toute manière divine d'agir, et celui qui ne l'a pas comprise dès le commencement, déjà dans la création du monde, ne la comprendra pas davantage par après, plus tard, à savoir dans la doctrine de la Rédemption » (XIV, p. 24 ; *cf. EP*, p. 114).

L'ironie de Dieu ! Que voilà un étrange concept ! Expression déroutante, et peut-être incontournable. Hamann tient l'idée de Luther chez qui, à défaut du terme d'*ironie* qui n'est pas mobilisé dans ce contexte, elle vaut pour les différents modes de manifestation : dans les créatures, dans l'histoire, à l'occasion de l'Incarnation et même dans ses jugements[2]. Le *De servo arbitrio* en ramasse le propos dans un paragraphe éloquent : « La foi concerne les choses qu'on ne voit pas. Par conséquent, pour qu'il y ait foi, il faut que les choses qui sont crues soient cachées (*abscondantur*). Or elles ne sont pas plus profondément cachées que sous un objet, un sentiment ou une expérience contraires (*quam sub contrario objectu, sensu, experientia*). Dieu veut-il donner la vie ? il le fait en tuant ; justifier ? c'est en rendant coupable ; transporter au ciel ? il conduit en enfer » (*W* 18, p. 633). Si la première proposition, inspirée d'ailleurs de l'Épître aux Hébreux (11:1), a pour elle l'évidence[3], la déduction, elle, va aux extrêmes. Il

2. Le concept kierkegaardien d'ironie s'inscrit également dans le lignage de Hamann, sans toutefois remonter par son intermédiaire jusqu'à Luther puisqu'elle préfère rapporter l'ironie (verbale pour l'essentiel, mais aussi comportementale) à Socrate.
3. La position de Schelling sur ce sujet est plus nuancée : c'est seulement au savoir immédiat que la foi s'oppose (X, p. 183).

n'est d'abord pas certain que l'invisible se cache ou soit caché[4] ; il peut l'être de soi sans qu'il veuille se dérober à la vue ou qu'il puisse dévoiler l'essence telle quelle. Ensuite, il n'est pas dit qu'il lui faille recourir à la dissimulation hyperbolique. Quand bien même on admettrait, avec Kierkegaard, qu'aucune forme créaturelle n'est adéquate à Dieu[5], il reste que cette forme ne doit pas nécessairement être un contraire, et qu'il est discutable qu'il en soit ainsi pour l'humaine. L'argument de Luther repose sur deux présuppositions : que c'est la thématique de la foi qui doit déterminer l'explicitation du rapport de l'homme à la Révélation et que l'homme déchu, tombé dans la colère, le péché et la mort, n'est plus seulement l'autre de Dieu, il est désormais son ennemi puisqu'il s'arroge le libre arbitre, c'est-à-dire la divinité. Dans le texte cité, l'ironie de Dieu n'œuvre pas véritablement sous le contraire, mais par son moyen

4. Notamment par la nature qui n'exhibe qu'une aveugle fatalité (*Schicksal*), thèse de Jacobi. Il appartiendrait à l'homme, en revanche, de révéler Dieu par l'esprit qui s'élève au-dessus la nature (Jacobi, *Von den Göttlichen Dingen und ihrer Offenbarung*, Leipzig, Fleischer, 1811, p. 189). À cela, Schelling s'oppose (VIII, p. 67, 115).

5. « Le paradoxe consiste essentiellement en ce que Dieu, l'Éternel, a paru dans le temps comme un homme particulier. Et peu importe que cet homme particulier soit un serviteur ou un empereur ; l'attribut de roi n'est pas plus adéquat à Dieu que celui de mendiant » (*Post-scriptum aux Miettes philosophiques,* in *Œuvres Complètes* XI, tr. Tisseau, Paris, Orante, 1977, p. 275). Cela paraît être une réplique à Luther qui soutient le paradoxe que « celui qui apparaît comme le serviteur le plus pauvre et le plus misérable soit aussi le roi » (*W* 40, III, p. 695).

(*per contrarium*)[6]. L'atmosphère est la même : une ambiguïté foncière. La foi, dans ce cas, ne sert pas en priorité à s'orienter dans l'ambiguïté et à interpréter le simulacre (pour découvrir, par exemple, qu'un salut s'opère en dépit des apparences), mais à établir qu'il y a ambiguïté et non, par exemple, un Dieu méchant. Luther poursuit : « Ainsi Dieu cache sa clémence et sa miséricorde sous la colère éternelle, la justice sous l'iniquité. C'est le plus haut degré de la foi, de croire qu'il est clément, celui qui sauve si peu d'hommes et en damne un si grand nombre ; de croire qu'il est juste, celui dont la volonté nous rend nécessairement damnables » (*W* 18, p. 633). La foi est connaissance par ceci qu'à l'instar de la Cananéenne, elle repère le trope ambigu, identifiant le *Oui* sous le *Non* en sorte d'amener à la surface la réponse positive, salvatrice (*W* 17, II, p. 203), disons même, avec la belle audace de Luther, en sorte de triompher de Dieu : « Et hoc modo vincitur Deus, quando fides non desinit » (*W* 44, p. 103). Son affaire n'est pas ici d'espérer contre toute espérance, mais bien de voir contre toute évidence[7]. Par son intermédiaire, les sages ne sont pas abusés par

6. Bien que tous les types de l'ironie ne se ramènent pas à l'antiphrase (comme genre de l'allégorie), c'est à la manifestation *sous* ou *par* le contraire, comme à son type essentiel, que se tiendra mon propos puisque c'est dans ce sens que Schelling use du terme et que Luther le comprend le plus souvent (par exemple : *W* 31, II, p. 233).
7. « Foi sombre sans lumière » est ce qui porte à croire ce qu'on ne voit ni ne comprend (*W* 7, p. 551). Voir aussi *W* 31, I, p. 282. Ce qui n'est pas sans rappeler, chez Jean de la Croix, la nuit obscure de l'entendement. Luther parle également d'une capacité de vision dans les ténèbres (*W* 5, p. 45).

l'ironie divine et reconnaissent le vrai, à l'inverse des insensés (*W* 4, p. 111). Avant toute justification, elle est lecture qui inverse l'inversion, et comme elle subsiste telle (au lieu que l'expérience mystique la dépasse de par son accession à la vision plénière et recompose avec la théologie de la gloire, voire avec le paganisme), elle ne revient pas sur la destitution de la surévaluation du visible. Elle découvre que « notre bien est si profondément caché que c'est sous son contraire qu'il l'est : notre vie sous la mort, l'amour de nous-mêmes sous la haine de nous-mêmes, la gloire sous l'ignominie, le salut sous la perdition, le règne sous l'exil, le ciel sous l'enfer, la sagesse sous la folie, la justice sous le péché, la vertu sous la faiblesse » (*W* 56, p. 392). Sans la dissimulation, il n'aurait pas été besoin de foi comparable à l'œil de Mandelstam qui, selon René Char, « tamise et rapproche les extrêmes, les fait se nommer »[8]. Nulle part ne paraît la sainteté de l'Église que pourtant le Symbole confesse ; la raison en est qu'elle est invisible. De quoi l'ironie dialectique de Luther ne se contente pas. Elle veut que Dieu tienne la sainteté de l'Église mieux cachée que dans l'invisibilité, « la submergeant d'infirmités, de péchés et d'erreurs, l'accablant de la croix, sous les formes différentes qu'elle revêt, et de scandales, tellement qu'à notre sens, elle n'apparaît nulle part » (*Œ* XVI, p. 263). On conçoit mieux la portée du *sola fide*. Alors que la foi perce la paroi, l'impuissance des œuvres à assurer le salut provient de leur aveuglement qui les fait s'attacher à la figure extérieure (l'homme devant être soumis à la loi qui condamne) : « Extérieurement, il semble que la grâce soit purement

8. *Éloge d'une soupçonnée*, Paris, Gallimard, 1988, p. 9.

et simplement colère, si profondément est-elle cachée sous la couverture de deux épaisses pelures ou peaux : en effet notre patrie adverse et le monde en général la condamnent et l'évitent comme une plaie et une colère de Dieu et nous-mêmes, nous ne nous sentons pas non plus autrement à l'intérieur de nous-mêmes » (*Œ* VI, p. 235). Notons que l'un des effets de la foi est lui-même ironisant. Ceux qui savent sont réduits à passer pour des insensés aux yeux des aveugles : « L'Évangile veut paraître au jour et démontrer que les sages sont des fous, que les fous sont des sages » (*Œ* X, p. 13-14).

Voir contre toute évidence, voici ce qui est également requis dans l'examen du mystère de la Rédemption. Alors que la *theologia gloriae* prétend connaître les propriétés divines par voie d'analogie directe, la *theologia crucis* doit éprouver, selon le Réformateur, l'amour de Dieu dans son courroux, et sa miséricorde dans le châtiment, mais aussi sa grandeur dans sa faiblesse. En un mot, saisir Dieu *dans* ou plutôt *sous* son contraire (*sub contraria specie*), ce qui évidemment ne va pas sans difficulté, si bien que l'impie n'est pas à même de reconnaître les bienfaits de Dieu dissimulés sous la Croix (*W* 31, I, p. 51). Voir donc, mais *sous* l'évidence et par là comprendre en vérité ce qui est donné à voir.

Que Dieu se communique, on l'admettra sans peine, mais qu'il le fasse tel qu'il est, ou même dans le semblable, voici l'objet du litige. Il le pourrait lui-même que l'homme ne saurait l'appréhender, ce que résume la mise en garde : nul ne peut le voir et vivre. C'est donc seulement dans la guise de ce qui n'est pas lui qu'il se révèle. Dieu ne saurait se produire sur la scène du monde qu'en se dissimulant. Non content de se montrer dans une figure empruntée, Il réalise son œuvre propre sous les aspects d'une œuvre étrangère. « Tout ce qui est profond, clame Nietzsche, aime le masque ; les choses les plus profondes haïssent même l'image et le symbole. Le *contraire* (*Gegensatz*) ne serait-il pas le vrai travestissement où se cacherait la pudeur d'un dieu? »[9], ce qui est de nature à rapprocher le divin de l'humain s'il est vrai, comme Jules Renard l'avouait, que « l'ironie est la pudeur de l'humanité »[10]. La dimension d'ironie dévoile une idée plus troublante que le simple constat, celui de François Varillon, suivant lequel Dieu « reste caché pour n'être pas irrésistible », car « son invisibilité est pudeur »[11]. Qu'une pensée de l'humilité de Dieu ne s'accommode pas nécessairement de l'hypothèse de l'ironie, on le conçoit sans peine avec le disciple de Fénelon qui écrit avec finesse : « On ne peut, sans méconnaître l'amour, soupçonner Dieu d'une arrière-pensée ou d'une arrière-intention. L'amour ne livre pas quelque chose de soi en réservant le fond : c'est le fond qu'il livre. Sinon il manque à l'innocence. Garder une pensée ou une intention en arrière de soi en s'assurant de son invisibilité signifie qu'on se veut propriétaire de soi. En cette discordance créée par les arrière-pensées entre l'être et le paraître, en cette distance entre la "contenance extérieure" et les "dispositions du cœur", Rousseau n'avait pas tort de voir l'essence du péché du monde »[12]. La question rebondit de savoir à quel mode de révélation Dieu est contraint. La réponse dépend

9. *Par-delà bien et mal*, § 40.
10. *Journal*, 30 avril 1892.
11. *L'Humilité de Dieu*, Paris, Le Centurion, 1974, p. 91.
12. *Ibid.*, p. 96.

de l'accent que l'on veut bien mettre, soit sur le critère ontologique, soit sur celui de l'amour. Dans le premier cas, la révélation qui a lieu *dans* l'être étranger prend forcément guise d'*étrangèreté*. Dans le deuxième, la révélation se fait *pour* l'être étranger et se doit à la sincérité. Et pourtant un Kierkegaard n'a pas été troublé outre mesure par la dramaturgie d'une dissimulation exigée par l'amour même.

On est en droit de se demander si le contraste ne prend pas la guise du contraire et si le contraire est incapable d'être l'opposé et l'ennemi. Après avoir consisté à interroger en feignant l'ignorance, l'ironie, comme figure de style, appelle les choses par les noms de leurs contraires, selon la vénérable définition d'Anaximène de Lampsaque[13], de telle manière toutefois que l'avisé, et même normalement le premier intéressé, devine de quoi il en retourne. J'en fournirai deux exemples tirés de la Bible : Lorsque Job déclare à ses amis désireux de le convaincre d'injustice qu'ils sont aussi sages que tout un peuple et qu'avec eux mourra la sagesse (*Jb* 12:1-2), il les brocarde sévèrement sous couvert de louanges hyperboliques. Et les tortionnaires romains de Jésus ne lui rendent nul hommage lorsque par dérision ils le saluent en le revêtant du titre de Roi des Juifs (*Mt* 17:29).

Au geste ironique comme au mensonge préside le geste de la duplicité. Les distingue 1/ que le menteur peut énoncer ce qui est à côté de l'essence, et non spécifiquement son contraire, 2/ que, pour le mensonge, la dissimulation se dissimule elle-même (au moins pour celui qui en fait les frais) au lieu que l'ironie, exhibant

13. *La Rhétorique à Alexandre*, ch. XXI, 1434 a 18.

un masque qui exige d'être arraché, se dénonce comme imposture et nie ce qu'elle dit, tant le plus souvent pour la victime même (car « quel plaisir goûte-t-on à adresser des mots piquants à quelqu'un qui ne les sent pas? »[14]) surtout si elle est l'ironiste lui-même[15], que pour l'auditeur à qui n'échappe pas l'allusion dans la mesure où il connaît le dessous des cartes, et 3/ qu'alors que le mensonge cherche à tromper, l'antiphrase dévoile dans la mesure où elle voile. Elle énonce ce qui est

14. Balzac, *Ursule Mirouët,* in *La Comédie humaine*, III, Paris, Pléiade, 1976, p. 791. Luther aurait pu contresigner, lui qui, ne sachant modérer sa colère, fut dans ses polémiques (qui firent honneur à la signification étymologique de son nom), un ironiste cinglant, amateur d'ailleurs de jeux de mots. Ce fut également le cas pour Schelling, notamment dans son *Anti-Jacobi* qui, s'il n'ajouta pas à sa réputation de penseur, confirma celle de bretteur et de satiriste ; c'est d'ailleurs aux *Propos de table* de Luther qu'il fait des emprunts pour mieux accabler sa victime dans l'allégorie féroce où il prête sa voix au Réformateur (VIII, p. 98). On ne saurait pour autant souscrire au jugement de Franz Thomas Batranek qui, dans une lettre de 1843, réduit à l'ironie tout le procédé de Schelling et va jusqu'à imaginer qu'en sa *Philosophie de la Révélation,* il se moque de ses auditeurs berlinois (cité dans l'Introduction à Schelling, *Philosophie der Mythologie in drei Vorlesungsnachschriften 1837/1842,* Munich, Wilhelm Fink Verlag, 1996, p. 9). D'entres les innombrables piques humoristiques de Luther, ma préférence va à celle où il raille des braves gens qui croient que Dieu ignore leurs projets et l'imaginent parti à Calcutta ou au Pays des Maures pour prendre son déjeuner en la compagnie de ces derniers. (*W* 19, p. 315).
15. Par exemple, chez Euripide, où Cassandre captive fait mine de se réjouir de devenir l'épouse d'Agamemnon (*Les Troyennes*, v. 308-340). Chez Sophocle : « Elle est belle ma vie ! » (*Électre*, v. 393).

pensé, non certes directement, ni même obliquement, mais en faisant entendre le contraire par le contraire ; elle est simultanément vérité et contre-vérité. Raison pour laquelle elle illustre la dialectique ou en constitue un élément, rien n'interdisant une conversion de la louange ironique en louange sincère (ainsi qu'il arrive chez Érasme en son *Éloge de la folie*). Facile l'ironie qui produit un dissentiment trop manifeste entre la chose et le mot, auto-explicitée celle qui, jouant de l'antithèse, accole au signifiant ironique une épithète appartenant au signifié, comme « saint orgueilleux » (*W* 1, p. 211), subtile en revanche celle qui requiert un effort d'interprétation et parfois de surinterprétation comme lorsque Jean Scot Érigène tient pour une manifestation de la *divina ironia* la déclaration : « Il n'est pas bon que l'homme reste seul ; je lui ferai une compagne semblable à lui » (*Gn* 2:18)[16] et que Luther qualifie d'ironique l'interrogation de Pilate : « Qu'est-ce que la vérité ? » (*Jn* 18:38) en tant qu'elle exprime la moquerie à l'endroit d'une prétention à rendre témoignage à la vérité. Mais la moquerie n'est pas le contraire de la question.

Ces modestes considérations invitent à envisager le persiflage et le sarcasme comme de simples accidents de l'ironie, nullement comme ses constituants. De même le trope consistant à afficher comme sérieuse une proposition que l'on ne pense pas. Bien que toutes les expressions dites ironiques ne se ramènent pas à l'antiphrase (comme *permutatio ex contrario*), c'est à la manifestation *sous* ou *par* le contraire, comme à son type essentiel, que se tiendra mon propos puisque

16. *Periphyseon*, IV, PL 122, 846B.

c'est dans ce sens que Schelling use du terme. On ne saurait écarter la part dynamique de l'ironie, sa valeur inversive ne serait-ce que parce que nos deux auteurs lui font un sort et que l'on désigne comme « sublime ironie divine » que les premiers seront les derniers et inversement ou que l'intérieur devienne extérieur et inversement (XIV, p. 151 ; X, p. 330-331).

Pour ces mêmes motifs, la thèse suivant laquelle le tragique est incompatible avec l'ironie ne peut être retenue. Elle néglige l'ironie objective (à la rigueur fomentée ou perçue par Dieu) qui a cours dans l'histoire et la nature[17], la première d'ailleurs pouvant se présenter comme tragique. C'est de l'ironie du monde que relève, par exemple, la notion hégélienne de ruse de la raison. La thèse néglige aussi évidemment l'ironie absolue, intra-divine, qui fait Dieu, chez Schelling par exemple, tourner l'obstacle en lui-même en organe. On en déduira qu'en dépit de l'étymologie (*eîro* = je parle), toute ironie n'est pas verbale et partant, n'est pas nécessairement une détermination de la subjectivité[18]. Il y a lieu, en outre, d'admettre une ironie dans l'action et une ironie dans l'être.

En règle générale, le divin inverseur de sens commun dupe tout le monde, et d'abord le démon, pour ce qui regarde l'Incarnation et la Passion, comme le

17. Je précise : *la nature* pour les besoins de l'approche schellingienne. Il ne s'agit en tout cas pas de l'ironie de la nature au sens de Kierkegaard (*Le Concept d'ironie constamment rapporté à Socrate*, in *Œuvres complètes,* II, Paris, Orante, 1975, p. 230) qui n'est qu'une variante de l'ironie subjective.
18. Qu'elle le soit, ceci est essentiel à la démarche de Kierkegaard dans le *Concept d'ironie*, p. 237, bien qu'il lui arrive d'évoquer une ironie du monde (p. 237, 257).

suggère Paul (I Co 2:7-8) et le souligne Ignace d'Antioche : « Le prince de ce monde a ignoré la virginité de Marie, et son enfantement, de même que la mort du Seigneur, trois mystères retentissants qui furent accomplis dans le silence de Dieu » (Éph 19:1). Les anges ne sont pas mieux lotis puisqu'ils devinent qui est le Christ seulement au moment de son ascension[19], sauf qu'on n'entend pas les berner. C'est essentiellement pour les besoins de ses voies retorses que l'Éternel demanda à Joseph d'épouser la Vierge et non seulement afin d'assurer une protection au divin enfant et à sa mère. Même dans les affaires de la mystique, il plaît à Dieu, selon Madame Guyon, de cacher la sainteté aux âmes elles-mêmes et au diable sous le voile des défauts naturels[20]. Seuls le regard de la foi, d'un côté, et la perspicacité du panthéiste dialectique, de l'autre, sont à même de retourner l'antinomie entre l'essence et le phénomène.

Or s'il est vrai que l'ironie de situation, celle qui ne tient pas à l'expression langagière, dépend nécessairement d'un point de vue, car sinon les événements par eux-mêmes demeureraient enfoncés dans leur opacité de faits bruts quand bien même on parlerait d'une ironie du sort (impliquant un dénouement qui contredit l'attente en ce qu'il produit ce qu'on cherchait à évi-

19. *Cf. Ascension d'Isaïe,* 11:26.

20. *De la vie intérieure, Discours chrétiens et spirituels sur divers sujets qui regardent la vie intérieure*, présentés et annotés par Dominique Tronc, Ivry, Phénix éditions, 2000, p. 416. C'est évidemment par ironie que Luther déclare que les Juifs cachent leur piété sous leurs vices manifestes (*W* 53, p. 442).

ter[21]) où souvent intervient une justice immanente, la question se pose de savoir quel est le sujet qui perçoit l'ironie divine. Est-ce son Auteur seul ou le croyant ?

§ 2. Trois remarques préliminaires s'imposent. Il est clair que l'ironie divine est d'abord et essentiellement de la nature du faire. Connop Thirlwall a introduit naguère une distinction entre l'ironie verbale et l'ironie pratique, laquelle est indépendante du discours, et qui correspond à l'ironie tragique (ou encore de situation)[22]. Un exemple biblique s'en trouve dans le renversement qui affecte la situation d'Aman venu réclamer la tête de Mardochée et qui est condamné à mort à sa place (*Esther* 9:25). Mais pour ne naître pas dans la parole, il n'en reste pas moins qu'elle est verbalisable dans le jugement, autrement dit, qu'elle doit être observée par une conscience quand bien même

21. On en trouve une belle illustration dans le jugement porté par Schelling sur le suicide : « C'est (...) la plus pitoyable chimère de celui qui se suicide, de croire qu'il est en son pouvoir de s'ôter l'être. L'homme peut certes supprimer le phénomène extérieur, mais non l'être intérieur, et en détruisant celui-là, il se prive précisément par là-même des moyens de parvenir à un état meilleur car c'est par là précisément qu'il a rendu éternel cet état qu'il voulait fuir » (*EP*, p. 102). Autre exemple : l'homme primordial qui croyait pouvoir se rendre maître des puissances finit par être dominé par elles (XIII, p. 350). De son côté, Luther rapporte le cas d'un pauvre homme qui acheta au diable une boule de cristal devant lui permettre de prédire l'avenir mais dans laquelle, pour son malheur, il vit tout à l'envers, ce qui lui valut procès et bûcher pour cause de pacte avec le diable (*WT*, 3, p. 460).

22. *On the Irony of Sophocles,* in *The Philological Museum,* II, 1833, p. 485.

celle-ci en serait le jouet. Que si, en telle occurrence, l'ironie échappe à la perception de tous les humains, il reste un point de vue transcendant, celui de la divinité qui la cause ou constate. Inversement, elle pourrait être involontaire de la part de Dieu, et paraître telle uniquement au gré de l'homme comme lorsque Luther dit que dans l'homme intérieur Dieu produit richesse et beauté et une vertu inestimable, de quoi rien ne paraît à l'extérieur, mais le contraire, à savoir souillure et misère (*W* 4, p. 81), ou encore, que les fidèles sont cachés au monde et visibles seulement pour Dieu (*W* 3, p. 112).

En deuxième lieu, l'apparition de Dieu dans la nature et dans un homme se rapporte moins à l'ironie comme trope, qu'à l'ironie comme figure, pour emprunter à Quintilien[23] sa distinction, l'ironie comme figure s'exprimant dans une continuité de manière d'être, ce qui la rend plus difficile à détecter.

En troisième lieu, par cela que l'ironie divine est proprement révélation, elle exprime les deux contraires et ne peut faire comme si elle ne disait que l'un. Autrement dit, une révélation oblique inversée n'est pas équivalente à une révélation directe et droite, quand bien elle eût été interchangeable avec elle.

§ 3. Dans sa désapprobation de l'ironie, prise dans le sens aristotélicien d'une dépréciation de soi à la manière d'un Socrate[24] simulant l'ignorance[25], Thomas d'Aquin n'envisage pas l'ironie divine. Outre que le syntagme et son concept échappent à sa visée, il s'inter-

23. *De institutione oratoria*, IX, 2, 44-46.
24. *Éthique à Nicomaque*, IV, 13, 1127 b.
25. *Cf.* Platon, *République*, 337a.

dirait d'en faire usage puisqu'il considère que l'ironie lui semble toujours un péché dans la mesure où l'on s'accuse d'une vilenie que l'on ne se reconnaît pas ou en niant une vertu que l'on possède[26]. C'est qu'il tient l'ironie pour une parole surprise à démentir la pensée si bien que la modestie ne doit pas contredire à la vérité pour éviter l'orgueil. Mais comme toute dissimulation n'est pas mensonge, l'Aquinate, en cela qu'il tolère qu'on garde le silence sur ses propres mérites, n'eût pas mis l'humilité de l'Incarnation au compte de l'ironie.

« La raison incline à adorer un Dieu inconnu, dit Hamann, mais elle reste fort éloignée de le connaître. Elle ne veut pas le connaître et, ce qui est plus étonnant encore, une fois qu'elle l'a reconnu, elle cesse de l'adorer. C'est là le motif pour lequel Dieu ne se dévoile que tardivement et lentement ; il sait que dès qu'il se veut révéler aux hommes et s'en faire connaître, cette connaissance sera pour eux une pierre d'achoppement, un scandale »[27]. Tant de principes dans la foi chrétienne crucifient l'entendement que l'on est en peine de déterminer ce qui ne désarçonnerait pas une raison réfractaire. Il y aurait à ce sujet à distinguer entre l'étonnant, l'illogique et le scandaleux, encore que, selon la sensibilité de chacun, telle donnée paraîtra ressortir à ceci plutôt qu'à cela. Il est certes surprenant pour tous que l'Éternel entre dans le temps à titre de créature — la nature humaine de surcroît, ce « sac de vermine », plutôt que l'angélique, sainte et glorieuse (*W* 46, p. 626) —, et c'est seulement dans une

26. *Somme théologique*, II-II, q. 113, Rép.
27. *Les Méditations bibliques*, tr. P. Klossowski, Paris, Minuit, 1948, p. 171.

conscience chrétienne banalisée que le fait n'engage plus à la stupéfaction, tant la conscience d'orthodoxie émousse les pointes. Pour le tenant d'un monothéisme strict qui exclut les dogmes jumeaux de la Trinité et de l'Incarnation, le même fait passera en sus pour illogique (opposé à la raison), et scandaleux pour la dignité de la divinité, car un Dieu qui se respecte ne se mêle pas de manger et d'uriner[28]. Sa mise en croix qui achève de porter à l'absolu le scandale ne laisse pas de poser la question de la légitimité logique du syntagme de la mort de Dieu. Pour la raison, par cela qu'elle ne contente pas de requérir l'universel comme l'élément dans lequel elle baigne, mais l'exige tout aussi bien comme ce sous quoi elle aspire à subsumer toutes choses, il sera moralement scandaleux, par exemple, qu'il prenne au Créateur de Jacob et d'Esaü la fantaisie (car l'amour est sans pourquoi) d'aimer l'un et de haïr l'autre (*Malachie* 1 :2 ; *Rom* 9 :13).

Point ne suffit de mettre en contraste la raison assurée d'elle-même et le paradoxe qui la meurtrit. Le Dieu devant lequel recule la raison ne fait pas que se présenter dans des attitudes étrangères à l'opinion commune, c'est-à-dire précisément dans une pose extravagante qui fait dire à Luther que n'est pas plus contraire à l'esprit de la philosophie que Dieu devienne un âne plutôt qu'un homme (*W* 39, II, p. 3). La raison

28. C'est un argument non négligeable du docétisme, notamment dans le druzisme et le nusayrisme (*cf.* J. Hatem, *Dieu en guise d'homme dans le druzisme,* Paris, Librarie de l'Orient, 2006 ; *Le Traité christologique du Calife al-Mu'izz, le druzisme et le nusayrisme,* Paris, Éd. du Cygne, 2013). Il ne fait qu'exprimer le sentiment de la commune humanité comme le reconnaît Luther (*W* 46, p. 626).

droite[29] peut à la rigueur admettre qu'Il ne soit pas aussi simple que le voudrait l'intelligence humaine soucieuse d'ordre et qu'Il ne puisse se révéler tel quel, car invisible et inconnaissable par essence, ce qui porte à considérer une théophanie dans l'élément étranger, par exemple l'Écriture qualifiée de voile (*W* 42, p. 11-12) ou même le Christ, autre voile (*W* 42, p. 296). Si jamais Dieu a voulu se manifester, il a bien fallu que ce fût moyennant ce qui n'était pas lui. Mais de là à pousser le déplacement et la malice jusqu'à le faire *sous le contraire*, voici qui la laisse sans voix, car il semble qu'Il aurait pu se révéler moyennant le proche, le semblable ou l'analogue. Il la laisse sans voix, à moins qu'elle ne donne voix à l'indignation ou à l'admiration !

§ 4. Par cela même qu'elle se fait moyennant le travestissement, la Révélation est paradoxale. Le Luther qui exclut la logique de l'analogie semble admettre que la procédure est propre à Dieu, car il soutient que « l'homme cache ses choses pour nier, tandis que Dieu le fait pour révéler les siennes » (*W* 1, p. 138). Tout se passe comme si l'homme, souffrant d'une inaptitude viscérale à l'ironie qui perce à jour l'illusion, était contraint à l'alternative d'énoncer la vérité ou de la taire par le mensonge. Le sentiment de Luther est plus accablant pour la nature humaine déchue : « Étant

29. Et non corrompue. Luther déclare — en un propos de table cité et approuvé par Schelling (VIII, p. 97-98) — que la raison bien que sujette à la vanité comme toutes les créatures de Dieu, et pouvant être pervertie, n'en reste pas moins la raison, précieuse réalité substantielle à ne pas rejeter avec l'œuvre de la folie (*W T* 3, p. 105).

menteurs, la vérité ne peut jamais venir à nous que sous une figure opposée à ce que nous pensons » (*W* 56, p. 250). L'ironie de Dieu fait pièce au mensonge de l'homme et ne saurait en être la répétition.

II. LE VOILEMENT SOUS LE CONTRAIRE

§ 1. De l'abscondité essentielle de Dieu (non pour lui, mais pour ses créatures), laquelle est insurmontable, se distingue sa manifestation sous le contraire susceptible d'appréhension par la foi, qui est oreilles plutôt que vision (*cf.* *W* 3, p. 628). Il n'y a de manifestation *sub contrario* que par la discordance entre le signifiant et le signifié (*W* 4, p. 82). C'est ainsi que moyennant l'Incarnation, la nature divine se dissimule sous l'humaine (*W* 3, p. 124)[30]. Invisibilité d'un homme comme les autres, pratique et non physique : « Il est aussi venu selon la naissance charnelle, mais il n'a été vu de personne » (*Œ* X, p. 119), comme d'habitude on ne remarque pas un serviteur. Un autre Silène (pourrait

30. Est-ce que l'humanité mérite d'être taxée de contraire de Dieu ? Certainement dans sa condition déchue, et cela en une forme existentielle : « La nature humaine est submergée par le péché à un tel point qu'elle ne peut penser ni ressentir rien de juste au sujet de Dieu ; elle n'aime pas Dieu, elle le hait avec acharnement » (*Œ* XVI, p. 243). « Entre Dieu et l'homme, il n'y a que pure colère et inimitié » (*W* 10, III, p. 127). Mais déjà ontologiquement, de par son statut de créature. Schelling ne partagera pas cette opinion. Il se contentera de rejoindre Luther sur l'affirmation que ce qui est « répréhensible aux yeux de Dieu, ce n'est pas notre agir singulier, mais toute notre existence » dans notre état présent (XIV, p. 218). Le paradoxe est le suivant : l'inadéquat est adéquat à la révélation divine.

dire Luther après Érasme[31]) qui cache la perle éclatante dans une enveloppe vile.

Et par la Passion, mais également voilée par elle, opère la divinité qui vainc le monde et tue la mort (*W* 3, p. 547-548). Il y va du mouvement même de l'amour dont l'humilité et l'humiliation font le caractère. Il y va également du milieu dans lequel se fait la manifestation, à savoir le monde, lequel est le contraire du Christ en cela que l'un promeut ce que l'autre condamne (*W* 3, p. 480-481), vérité que la Croix a suffisamment établie (*W* 3, p. 463). Le Verbe divin ne peut donc apparaître dans la grandeur mondaine, ni remporter des victoires de général d'armée. Les voies de César ne sont pas les siennes. Comme le scandale appartient essentiellement au mode de manifestation d'une réalité dans le milieu qui lui est opposé, Dieu ne peut que déconcerter et choquer : il est signe de contradiction. Il n'est pas certain que ce signe sera levé lorsque ce qui est scandaleux pour la lumière naturelle s'avérera salvateur aux yeux de la foi[32].

Vrai théologien, pour Luther, est celui qui comprend les choses visibles de Dieu en les considérant à partir de la Passion et de la Croix, cela à l'encontre de celui qui prétend pouvoir appréhender les choses invisibles de Dieu à partir de Ses créatures (*W* 1, p. 361). C'est dire que l'admission de l'humilité de l'Incarna-

31. *Adages*, Chiliade III, Cent. III, 1.
32. Luther pourrait même ajouter que quand bien même Dieu serait compris (pour ses dons, la mort de son Fils n'étant pas des moindres), il ne serait pas pour autant remercié, tout simplement parce qu'il ne faut pas attendre de reconnaissance de la part du monde qui ne veut pas être autrement que monde du diable (*W* 26, p. 636).

tion, le Dieu devenu pour nous un ver (*Wurm*) (*W* 54, p. 92), ne suffit pas. Il y a encore de l'idolâtrie, comme l'écrit Tillich, à reconnaître le Christ en Jésus sans accepter la crucifixion[33]. Les desseins du Dieu caché sont insondables en sorte qu'est vain tout espoir de les pénétrer en prenant appui sur les réalités mondaines, car ce qui est propre à la divinité, à la divinité immanente (à elle-même), est en dehors du temps (*W* 42, p. 9). Connaissables, en revanche, sont les *posteriora Dei* (*W* 1, p. 354). Le jeune Luther répudie ici implicitement l'exégèse traditionnelle qui identifie la vision dorsale de Moïse (dans *Exode* 33) avec la considération de l'univers, car voici qu'il déclare rondement que par les visibles et postérieures, sont désignées « l'humanité, la faiblesse et la folie », autrement dit les « souffrances » de Dieu (*W* 1, p. 362). Voici donc que l'Impassible dicte Son secret à travers le passible. Ne dira-t-on pas alors que le passible est l'humain par excellence ? S'il est impossible pour la conscience humaine de connaître Dieu par Lui-même, il n'est pas si aisé, quoi qu'on dise, de Le connaître par la nature laquelle ne nous est pas spirituellement concevable. L'esprit n'y est pas chez lui (nonobstant la schellingienne philosophie de la nature). Ses incursions intellectuelles y sont rhapsodiques et s'il y communie, il ne la reçoit pas comme sienne. L'intuition intellectuelle n'y fera rien ni l'intuition sensible ; la proclamation seule donne accès à la vérité gisant sous le contraire à quoi répond la foi (*cf. W* 4, p. 450-451, 272). Il ne s'agit pas ici de l'existence de Dieu et la foi n'a pas besoin de savoir que Dieu existe, car cela est gravé naturellement dans le cœur (*Œ* XIV,

33. *Dynamics of faith*, New York, Harper & Row, 1957, p. 97.

p. 34). En sa maturité, Luther identifie les *posteriora* avec la loi, laquelle établit l'existence de Dieu, non la Rédemption, ce pour quoi il revient à l'homme de se tourner afin d'observer en Christ le visage et la volonté de Dieu (*W* 46, p. 672). Mais cela revient au même, car ce visage, si vrai soit-il, est aussi un dos relativement à la gloire dont jouit la Trinité immanente.

§ 2. La prédilection de Dieu pour le procédé ironique est réservée au registre théologal. Ailleurs, sa volonté se manifeste sans précautions et sans subtilité, d'une manière qu'on dira explicite et même brutale. Dans le commentaire sur le *Magnificat,* Luther doit expliquer à la foi comment Dieu offre le spectacle de sa force dans le monde et comment cette force est cachée dans la faiblesse. Il distingue alors deux cas, celui où Dieu agit par l'intermédiaire des créatures et celui où il agit directement (quoique toujours pas comme dans la mythologie). Paradoxalement, l'ironie se révèle dans le deuxième cas. C'est que le premier fournit l'occasion de déduire la volonté de Dieu de l'action physique (ou historique) : qu'un loup dévore un homme, il n'est pas besoin de chercher loin pour savoir où se trouve la puissance et où la faiblesse comme faits divins : « Dieu fait et brise une créature par une autre ». Les causes secondes paraissent être privées d'autonomie. C'est la toute-puissance de Dieu qui conduit à penser ses opérations dans les catégories de l'immanence, ce pour quoi s'impose ici plutôt que la métaphore du masque, celle du gant[34]. On remarquera que la foi n'est pas requise, en cette occurrence, pour deviner l'agir sous cape de Dieu. Que si l'observation suffit pour constater sa volonté, cela tient à une conviction métaphysique qui exclut tout paradoxe. Ce que la cause seconde accomplit, elle le fait mue par la cause première efficiente. Il n'y a pas à soupçonner sous l'acte une autre intention que celle qui s'est exprimée, contraire à elle ou divergente.

Dans l'autre cas, qui met en œuvre tout le jeu et l'enjeu de la Providence, l'intervention présente un caractère d'irréalité qui étonne et détonne et que traduit l'immédiateté (ou pourrait même dire l'acausalité) du procédé : « Quand, par contre, Dieu agit lui-même par son bras, alors cela se passe autrement : les choses sont détruites avant qu'on ne le pense, et reconstruites avant qu'on ne le pense et que personne ne le voie. Cette œuvre-là, il ne la fait qu'entre les deux parties du monde, les gens pieux et les méchants ». Ce qui signifie que là où le débat se situe dans le champ du moral et du théologal, l'intervention divine se fait paradoxale. « Il prive les gens pieux de leur force et les livre à l'oppression, en sorte que tout le monde pense que c'en est fait d'eux, que c'est la fin ; et c'est en cela, justement, qu'il est présent avec le plus de puissance, si totalement caché et secret que ceux-là mêmes qui souffrent l'oppression ne le sentent point, mais le croient ; la plénitude de la puissance de Dieu et son bras tout entier sont là présents ». Pour ce que l'intention n'affleure

34. La théorie de l'inhérence de Dieu à toutes les créatures jouera un rôle déterminant dans la querelle sur la présence réelle (*cf.* *W* 23, p. 133-137).

pas en raison d'une discrépance entre l'être et l'apparaître qui se traduit par une confusion entre le voulu et l'accompli, il est besoin de la foi pour saisir le vrai sens des choses, pour admettre que Dieu n'a pas connu d'éclipse, que ses promesses sont sans repentance et qu'il n'abandonne pas le faible. Mais la foi n'est pas qu'un troisième œil, elle est également déterminante. Luther poursuit : « En effet, là où la force des hommes se retire, la force de Dieu apparaît, si la foi est présente et s'y attend. Quand donc l'oppression est finie, on voit se manifester avec éclat quelle puissance était présente sous la faiblesse ». En raison de sa lucidité propre, la foi perçoit et anticipe. Elle est toute frémissante de la vérité qui vient avec autorité. Elle la prie et l'appelle. « Regarde, le Christ était ainsi devenu sans force sur la croix et c'est là même qu'il accomplit son plus grand acte d'éclat, il vainquit le péché, le monde, l'enfer, le diable et tout le mal. C'est ainsi que tous les martyrs ont été forts et qu'ils ont vaincu ». Ironie du renversement capital : ce qui avait l'apparence de la force fléchit devant celui qui avait l'apparence de la faiblesse, et cela au moment même où la victoire suprême semblait assurée. « En revanche, Dieu laisse s'élever grandement et puissamment l'autre partie. Il retire sa puissance et les laisse se gonfler uniquement par leur propre puissance ; car, quand la puissance de l'homme apparaît quelque part, la puissance de Dieu se retire ». Là la puissance de Dieu était ironiquement présente, ici elle s'est absentée. L'homme confiant en soi croit sa puissance substantielle, et dans une grande mesure, elle l'est, sauf qu'elle repose sur son contraire, le néant. « Mais à l'heure où la bulle est pleine, où chacun pense qu'ils ont le dessus, qu'ils ont gagné, et où eux aussi sont assurés et qu'ils touchent à leurs fins, Dieu perce la bulle d'un trou et tout est terminé » (Œ III, p. 58-59). Le remarquable est que Luther ne veut pas voir ici l'ironie générale du monde œuvrer à détruire une réalité par elle-même, ainsi que Hegel l'aurait fait[35] et comme Kierkegaard en observe l'effet dans l'œuvre même de Luther dont « la réforme engendra, non sans ironie, le mal même qu'elle combattait : un esprit de servitude exégétique, une hyperorthodoxie luthérienne exerçant une coercition tout aussi pernicieuse que celle du pape »[36].

§ 3. Le *pro nobis* qui est l'objet de la foi ne se contente pas de l'idée que le Christ est mort en notre faveur, il veut aussi que ce fût à notre place. Inspiré de la doctrine anselmienne de la satisfaction, Luther soutient qu'innocent de tout péché, le Christ a pris les nôtres dans son corps ; ils lui appartiennent désormais comme s'il les avait commis lui-même, en vue de satisfaire pour eux par son sang (*W* 40 I, p. 433-434), le sang de Dieu même, « car Dieu et Homme sont une seule personne » (*W* 54, p. 92). « Le Christ est devenu pour nous péché, malédiction, excommunication et anathème » (*W* 3, p. 236). L'idée va plus loin que le geste ironique de simple travestissement. La personne du Rédempteur doit combiner nécessairement la parfaite sainteté et

35. « ... lässt die innere Zerstörung selbst daran entwickeln — allgemeine Ironie der Welt » (*Vorlesungen über die Geschishte der Philosophie,* in *Sämtliche Werke*, Stuttgart, Frommann, 1928-1941, XVIII, p. 62).

36. *Le Livre sur Adler*, in *Œuvres complètes,* XII, Paris, Orante, 1983, p. 48.

la parfaite malignité dans la mesure où il assume les péchés de tous. Que cette assomption ne soit pas une apparence, mais une prise sur soi qui est une prise en soi, la parole de déréliction sur la croix le montre de façon persuasive, qui inspire à Luther le propos suivant : « Que dirons-nous donc ? que le Christ, dans le même moment, est le juste suprême et le pécheur suprême, dans le même moment le menteur suprême et le suprême diseur de vérité, dans le même moment celui qui se glorifie au plus haut point et celui qui désespère au plus haut point, dans le même moment celui qui est bienheureux au plus haut point et celui qui est damné au plus haut point ? Si en effet, nous ne disions pas cela, je ne vois pas comment il aurait été abandonné par Dieu » (Œ XVIII, p. 602-603). La conjonction n'est pas accidentelle. La formule qui décrit la situation de celui sur qui luit la justice de Dieu, justice passive qui justifie par la foi, doit être appliquée en priorité au Sauveur : lui aussi est *simul justus et peccator* (*W* 49, p. 121)[37] ou encore en même temps bienheureux et damné (*W* 3, p. 426)[38], à ceci près qu'il n'est pécheur que par assomption, étant parfaitement innocent puisqu'il « ne souffre pas du zèle dépravé de sa personne » (*W* 5, p. 604). C'est d'ailleurs son invincible justice qui rend dialec-

37. Schelling s'en souviendra dans la *Philosophie de la Révélation* qui tient que le Christ est à la fois coupable et non coupable, débiteur et non débiteur (XIV, p. 81).

38. Que la nature humaine de Jésus se soit comportée comme un homme éternellement voué à l'enfer est un enseignement qui remonte au cours sur l'Épître aux Romains (*W* 56, p. 392). La souffrance est réelle bien que la damnation ne le soit pas (*cf.* *W* 5, p. 603). *Cf.* J. Hatem, *Les Agonies du Christ,* Paris, Éd. du Cygne, 2010, ch. III.

tiquement possible son insurpassable charge de péché puisque c'est par elle que le « joyeux échange » (*W* 7, p. 25) se peut conclure qui lui fait endosser le péché passé, présent et à venir de l'humanité et la couvrir de sa justice.

La *theologia crucis* considère comment par son *opus alienum* Dieu produit son *opus proprium* (*W* 1, p. 112 ; *W* 5, p. 63 ; *W* 57, III, p. 79-80)[39]. Comme elle va jusqu'à considérer que le Christ, en son geste salvifique, s'est réellement offert à la damnation pour nous, elle soutient que notre salut est caché sous son contraire, notre perdition, comme le trésor dans la boue (*W* 56, p. 393). En conséquence du péché, l'amour divin s'accomplit en se voilant de colère, mais c'est une colère qui cherche à réparer non à détruire. En effet, « le pécheur n'est pas justifié s'il n'est condamné » (*W* 5, p. 164). C'est que nous ne sommes pas au fait de notre véritable bien et de ce qu'il faut nous haïr dans la mesure même où Dieu nous hait comme pécheurs ; s'aimer en Dieu, cela revient alors, s'exclame le moine saxon discourant sur l'Épître aux Romains, à s'aimer tel qu'on est dans la volonté de Dieu (*W* 56, p. 392). Se souhaiter des biens teintés de l'amour désordonné de soi (ceux du monde certes, mais aussi ceux du ciel désirés par amour de soi), c'est donc là ironiquement se promettre le mal. Inversement, les biens que nous devons assumer, ce sont les maux. « Il nous faut agir à notre égard comme le fait celui qui éprouve de la haine pour un autre » (*W* 56, p. 393). On constate comment

39. Les termes proviennent d'Isaïe 28:21 : « ...ut faciat opus suum alienum opus eius ut operetur opus suum peregrinum est opus ab eo ».

les paradoxes de l'Évangile sont développés jusqu'à l'ironie.

III. DIEU EN GUISE DE DIABLE

Il a appartenu à Luther de pousser l'ironie jusqu'au parfait chiasme moral : « Dieu revêt le masque du diable et le diable celui de Dieu, et c'est ainsi que Dieu entend être reconnu sous le masque du diable, et veut que le diable soit réprouvé sous le masque de Dieu » (Œ XVI, p. 221)[40]. Manière souveraine d'exercer le pouvoir de ne pas agir selon sa nature. On se souvient que Jésus fut accusé de chasser les démons par Belzébuth (*Mt* 12:24), façon de dire qu'il ironisait avec malice, qu'il cherchait à implanter le mal (l'hérésie) sous le couvert de la philanthropie guérisseuse. Il n'est donc pas étonnant qu'il fut condamné par la loi pour motif de blasphème[41]. Dans la même page, Luther applique

40. « *Deus larvam diaboli, diabolus Dei induit, et Deus sub larva diaboli cognosci, et diabolum sub larva Dei reprobari vult* » (W 40, II, p. 54). L'ironie du sauveur se retrouve dans le bouddhisme : « Il est dit que Bouddha sauve les pécheurs même si ce faisant il se manifeste sous la forme du diable » (Nishida Kitaro, *Logique du lieu et vision religieuse du monde*, tr. Y. Sugimura & S. Cardonnel, Paris, Osiris, 1999, p. 66).

41. « Christ "n'a pas commis de péché et il ne s'est point trouvé de fraude dans sa bouche" [I Pe 2:22]. Il ne devait donc rien à la loi. Et, cependant, la loi ne s'est pas moins déchaînée contre celui qui était si saint, si juste et béni, qu'elle ne l'avait fait envers nous, pécheurs maudits et damnés et, en vérité, qu'elle l'a fait avec beaucoup plus de cruauté. Elle l'a accusé comme blasphémateur et rebelle, elle l'a fait coupable aux yeux de Dieu de tous les péchés du monde entier ; elle est allée jusqu'à l'attrister et à le frapper d'une telle épouvante

au Christ la parole d'Isaïe : « Il a été mis au nombre des malfaiteurs » (53 :12). Tel est l'effet le plus patent de l'ironie que le Christ soit en même temps maudit et béni. Mais il y a une sorte de communication des idiomes (ou, si l'on préfère, une solidarité) entre les deux contraires. La simultanéité n'est pas de simple juxtaposition, fût-elle de recouvrement, car l'assomption des péchés par le Christ — ou encore leur réception en lui (*W* 5, p. 598) — ne mystifie pas le Dieu qui exerce sa colère. C'est le Père qui a fait le Christ péché pour nous (II Cor 5:21) et l'a livré à la finitude et à la mort. Ce n'est donc pas d'abord par une sorte d'aveuglement humain que l'on porte des charges injustifiées contre le Christ et le considère comme un réprouvé. Il est prioritairement le maudit de Dieu et sous sa colère géhennante (*W* 40, III, p. 176) par substitution aux hommes, ce qui le fait devenir « le plus grand et l'unique pécheur sur la terre » (*W* 49, p. 129 ; *cf.* *W* 40, I, p. 437-438).

L'ironie christique se prolonge jusqu'à devenir elle-même ruse, car il lui faut prendre le démon et la mort au piège, leur ravir leurs victimes en semblant en grandir le nombre. Luther puise dans une riche tradition lorsqu'il présente la divinité du Christ comme l'hameçon qui vainquit le diable s'apprêtant à dévorer le vermisseau (son humanité) *sous* lequel elle était cachée (*W* 40, I, p. 417)[42].

qu'il en a sué du sang ; elle a fini par le condamner à mort et à la mort de la croix » (*Œ* XVI, p. 80).

42. Chez saint Augustin, c'est la Croix qui est la ratière (« *muscipula diaboli, Crux Christi* ») (*Sermons* 263, 1).

Quant au démon, Luther n'oublie pas qu'il se camoufle en ange de lumière (II Cor 11:14). Le terme de Paul est : « se métaschématise », ce qui signifie proprement qu'il se *transfigure* (c'est d'ailleurs l'option de la Vulgate). Mais alors le risque est grand de le confondre avec le Christ lui-même : « Nous avons à veiller, de peur que, séduits par les surprenantes habiletés de Satan[43] et par ses artifices innombrables, nous accueillions un accusateur et un juge qui condamne à la place du consolateur et du Sauveur, et qu'ainsi, sous le masque du faux Christ, c'est-à-dire du diable, nous ne soyons dépouillés du vrai Christ » (Œ XVI, p. 187). L'étonnant dans ce passage — qui est comme une réminiscence de ce qu'aurait vécu le moine Luther terrifié par un Dieu qui rend implacablement justice au lieu de rendre juste en toute miséricorde (*W* 54, p. 185) —, c'est que le diable dont il est question s'avère exclusivement le satan du *Livre de Job*, nullement celui qui induit au péché. Disons mieux : à tel ou tel péché ; car son affaire est d'ébranler la vertu théologale d'espérance. Mais, ce faisant, Luther transfère dans le démoniaque tout le côté justicier de Dieu que pourtant le traité du *Serf arbitre* ne songeait pas à disqualifier. On ne lit pas sans inquiétude la sentence suivante : « Si Christ se présentait à nous comme un juge irrité ou comme un législateur qui exige les comptes de notre vie passée, reconnaissons sans hésiter qu'il s'agit du diable furieux et non de Christ. Car l'Écriture nous dépeint Christ comme notre propitiateur, notre intercesseur, et notre consolateur » (Œ XVI, p. 186). Il est pourtant aisé de

43. Ailleurs Luther précise que Satan, magicien qui connaît mille tours, a recours à toutes les ruses possibles (*W* 10, III, p. 9).

lever l'ambiguïté. Le sujet de la proposition est bien le Christ et non Dieu, si bien qu'il en irait autrement si c'était la volonté insondable de Dieu qui jugeait. Elle ne devrait pas apparaître démoniaque et le désespoir qui s'en suivrait serait adéquat à la réalité de la condition dans laquelle se trouverait le pécheur non justifié. En tout état de cause, la foi en Christ est requise pour faire le départ entre Dieu et son ennemi. C'est dans la mesure où le Christ exprime la volonté manifeste de Dieu, volonté de salut, que tout jugement n'est pas de lui. Ou, pour le dire autrement, si « la miséricorde est glorifiée contre le jugement » (*W* 5, p. 400), c'est seulement en Christ.

Entre dans la procédure de Luther le besoin de déconsidérer la justification par les œuvres humaines en diabolisant les scrupules de qui ne se trouve pas assez riche en actes ou désespère d'une perfection que son labeur sisyphique ne lui conférera jamais (*cf.* *W* 40, I, p. 617). Le commentaire sur l'Épître aux Galates est éloquent à cet égard : « Si tu te persuades que Christ et la confiance en la loi peuvent cohabiter dans ton cœur, sache bien que ce n'est pas Christ, mais que c'est le diable qui habite ton cœur sous la forme d'un Christ qui t'accuse et qui te terrifie, et qui exige la loi et tes œuvres en vue de ta justice » (Œ XVI, p. 192 ; *cf.* Œ XV p. 63-64, 190). La tactique du diable consiste à enfler la loi, à accabler la conscience[44] et à procéder à un

44. C'est le point vulnérable : « La conscience est à tel point une chose délicate que le péché le plus léger l'épouvante et la fait pâlir » (Œ XVI, p. 114). Il n'est donc pas aisé de la libérer dès lors qu'à sa voix se mêle celle de la loi. Seule y parvient la Rédemption inconditionnelle puisqu'elle affranchit « éter-

usage détourné et adultéré (entendre : non paulinien) de l'Évangile en sorte que le Christ paraisse tyran et bourreau, non un médiateur apportant inconditionnellement le salut (Œ XV, p. 53, 87). C'est là proprement retournement catégorique par mode d'inversion, renversement de contraire à contraire, du pour au contre : le visage devient dos et vice versa (Œ XV, p. 68). Ceux qui, floués par le masque, s'efforcent d'accomplir la loi afin d'assurer leur salut sont les « martyrs du diable » (Œ XVI, p. 182).

Schelling s'en souviendra lorsque dans l'enquête de sa *Philosophie de la Révélation* portant sur le nom du satan comme accusateur, il en viendra à l'identifier à la conscience morale qui torture le pécheur : « Il y a quelque chose en l'homme qui lui dit toujours que, quoi qu'il fasse, toute sa vie est pour Dieu cause de déplaisir, quelque chose qui l'accuse aux yeux de Dieu. Or celui qui en accuse un autre auprès d'un tiers cherche à instaurer la désunion entre eux. Satan est l'artisan de la constante désunion entre l'homme et Dieu » (XIV, p. 250). Schelling donne des gages solides à la doctrine luthérienne lorsqu'il précise que les œuvres ne justifient pas, ce pour quoi l'homme qui prend acte de son impuissance et de l'offense qu'il fait à Dieu

nellement de la colère de Dieu » (Œ XVI, p. 178). Ce n'est pas Luther qui commettra l'erreur d'insister unilatéralement sur le *Sola fide justificat* au point d'oublier qu'en réalité c'est l'*œuvre cruciale* du Christ qui sauve (et justifie), faisant précisément l'objet de la foi en tant qu'accueil de la grâce (*cf.* *W* 8, p. 619). Schelling est dans le même sentiment lorsqu'il révoque la théorie de la justification par les œuvres (*cf.* XIV, p. 218). D'ailleurs, la foi est une *œuvre* divine en l'homme (*W DB* 7, p. 10).

avant tout agir se livre au désespoir (XIV, p. 218), ce qui est aussi conforme à l'observation de Luther (*cf.* *W* 5, p. 159, 399-400). La bévue serait de désespérer du salut au lieu de simplement désespérer de soi afin que, aspirant à la grâce, on se réfugie dans le Christ en tant qu'il a assumé les péchés de tous, l'a emporté sur la loi et vaincu la mort (*cf.* *W* 1, p. 361), en sorte qu'il faut attribuer à Satan la pensée que les péchés demeurent en toi lorsqu'en réalité Christ s'en est revêtu (*W* 31, II, p. 434). En vue de remédier aux troubles de conscience qui le tourmentaient, celui qui s'était octroyé en 1517 le pseudonyme d'Eleutherius (fondé sur l'assonance) mit au point des stratégies dont Schelling ne semble pas avoir eu vent. La plus étonnante, qui relève de la contre-ironie, invite à narguer et vexer le démon en succombant à la tentation. Voici, en forme de syllogisme, l'argument développé (évidemment *cum grano salis*) dans la lettre de 1530 à Jérôme Weller : bien entendu, il faut toujours faire ce que le diable défend. Comme sous couvert de scrupules, il défend l'alcool, il convient donc de s'y adonner (*W B* 5, p. 518-519)[45]. Ce n'est pas ce que préconisait le magistral opuscule traitant de la *Liberté du chrétien* bien que l'entreprise de libération

45. La probité exige qu'on note que ce genre d'argument ne vaut que pour les tentations charnelles, lesquelles d'ailleurs sont petites choses. « Pecca fortiter ! », est-il recommandé à Mélanchthon (*W B* 2, p. 372). Il en va tout autrement dès lors qu'on touche au salut éternel. On ne sait alors, selon un propos de table, « si Dieu est le diable ou si le diable est Dieu » (*W T* 5, p. 600). Quant à ce qui concerne les préceptes surajoutés à la loi, il est pleinement conseillé de faire le contraire (*Widerspiel*) de ce qui est dicté, par exemple par le pape, afin que « la liberté subsiste » (*W* 10, I, 2, p. 176).

de la conscience y prît son départ[46]. La liberté de la conscience étant, en même guise que liberté évangélique, inversement proportionnelle à la croyance au libre arbitre, est la voie royale[47].

La vertu du discernement aura donc à s'exercer d'abord dans le domaine où les antagonistes irréductibles sont susceptibles d'être pris l'un pour l'autre : « Dès lors que Satan (…) se réclame du nom de Dieu, de l'Église et du peuple de Dieu, il n'est pas si facile de se tenir en garde. Il y faut un jugement spirituel pénétrant, qui fasse la différence entre le Dieu véritable et le dieu nouveau. Christ les distingue lorsque Satan s'efforce de lui faire dire que les pierres se transforment en pain et qu'il veut l'amener à se jeter du haut du Temple. Satan voulait persuader Christ d'entreprendre quelque chose sans la Parole. Mais il ne parvient pas à tromper Christ comme il avait trompé Ève car Christ s'en tient à la Parole et ne souffre pas d'être détourné du vrai Dieu vers la nouveauté d'un faux dieu » (*W* 42, p. 112). Sans la Parole signifie : de son propre chef, tel un homme qui se prend pour dieu. Bien que le démon porte à Jésus un coup au point faible de tout homme lequel « naturellement » ne peut vouloir que Dieu soit Dieu (*W I*, p. 225), la tâche est rendue plus aisée à l'homme de Dieu par cela que son ennemi ne se présente pas comme un champion de la loi, quand

46. Le passage le plus net se lit, me semble-t-il, dans le *Jugement sur les vœux monastiques* où la liberté chrétienne est identifiée à la liberté de la conscience affranchie de la confiance mise dans les œuvres, car « la conscience n'est pas le pouvoir d'agir, mais de juger, de juger les œuvres » (*W* 8, p. 606).

47. « Via in coelum est linea indivibilis puncti : conscientiae » (*W* 40, I, p. 21).

bien même il en vient à la citer après qu'on s'est appuyé sur elle pour repousser la première tentation. La tâche sera encore plus rude lorsque l'un passera pour l'autre, lorsque le mensonge et l'ironie investiront le même champ de bataille.

Au sein du christianisme, en l'occurrence qui met aux prises Luther avec le Pape, il est procédé à un changement de diable, ou plutôt de couleur. Désormais, la livrée de l'ennemi sera blanche. Lors que le diable noir pousse au meurtre, le blanc, plus subtil, opère dans les affaires spirituelles : « Il se surpasse lui-même dans l'art éblouissant de tromper et il a coutume de vendre son très dangereux poison à la place de la doctrine de la grâce » (*Œ* XV, p. 64).

La découverte et la défense du sens véritable de la justification est solidaire, chez Luther, du dévoilement des intrigues sataniques par la mise au clair de ses ironiques procédures. Schelling note : « Je puis dire sans crainte de malentendu que depuis le temps des Apôtres on trouverait à grand-peine un homme qui ait attaqué Satan au cœur, qui se soit mesuré avec sa force la plus propre et la plus intime davantage que le docteur Luther. Or, comme on le sait, cet homme précisément avait aussi la représentation la plus personnelle du diable, qu'il se vantait d'avoir vu dans le noir de l'œil » (XIV, p. 278)[48]. La mention du temps des Apôtres exclut la tentation au désert. Luther n'aurait été dépassé dans sa confrontation que par Jésus. La première version du cours est moins explicite : « Depuis l'époque du Christ, nul homme n'a été aussi convaincu de la présence et

48. Textes nombreux. Je signale celui où Luther déclare en chaire qu'il connaît Satan et en est connu (*W* 10, III, p. 9).

des effets de Satan que Luther ; mais on peut dire aussi que nul homme n'a combattu Satan aussi sérieusement que Luther » (*U*, p. 653).

Si le diable est susceptible de séduire en portant la parure du Christ, il n'en reste pas moins qu'il ne saurait passer pour l'auteur de la loi dont il se sert. Qu'en est-il de Dieu même ? N'advient-il jamais que la volonté contractée de Dieu se manifeste ironiquement *dans une figure* ?

§ 2. Un tel phénomène est à l'œuvre dans *The Man who was Thursday*[49], roman dont la rédaction précède de trois lustres la conversion de Chesterton au catholicisme. Le poète Gabriel Syme s'est fait recruter comme détective par le chef de la police, personnalité mystérieuse qui s'entoure d'une obscurité opaque et que personne n'a jamais vu (p. 67). Il réussit à se faire passer pour un anarchiste afin de noyauter une bande dangereuse, sorte d'« Église du pessimisme occidental qui s'est proposé comme une tâche sacrée la destruction de l'humanité comme d'une vermine » (p. 164) et la restauration du chaos (p. 197) en entreprenant d'abolir la frontière qui sépare le vice et la vertu, ce qui revient à abolir Dieu (p. 35). Mieux, il parvient à se faire élire comme l'un des membres du Conseil anarchiste central composé de sept personnages portant chacun le nom d'un jour de la semaine. La place de Jeudi se trouvant vacante, il coiffe au poteau un vrai anarchiste Grégory. De Dimanche la présentation est inquiétante, car on ne peut pénétrer sa pensée : « La seule chose qu'on ne

49. *Le Nommé Jeudi*, tr. J. Florence, Paris, Livre de poche, 1978.

puisse jamais dire, c'est la dernière idée de Dimanche car ses idées se multiplient comme les végétations d'une forêt tropicale » (p. 74). Le physique n'est pas plus rassurant : sa stature colossale fait paraître son dos telle « une gigantesque montagne humaine » (p. 76). La figure est « terrifiante » (p. 78), le caractère « surhumain » (p. 88) et la puissance inhumaine (p. 143). L'individu ne dort jamais (p. 127) et semble omniprésent (p. 141) si bien qu'il ne trahit aucun signe de faiblesse ou de vulnérabilité. Syme, par « trop sensible à l'odeur du mal moral » (p. 78), ressent un profond malaise en compagnie de personnages qui respirent l'attentat et la haine : « Il se sentait opprimé par l'horreur que lui causaient toujours les monstruosités psychiques » (p. 80). Le visage de tous ses commensaux portait dans l'expression une déformation inhumaine. « Il savait que chacun de ces hommes se tenait pour ainsi dire au point extrême de quelque route sauvage de la pensée » (p. 84). Mais c'est à l'endroit de Dimanche qu'il éprouve de l'horreur et une peur tenace (p. 115).

Or Syme va découvrir progressivement que chacun des membres du Conseil est en réalité un détective qui deviendra son allié contre Dimanche, le monstre sans pareil, lequel s'avère, en fin de compte, n'être autre que le chef supérieur de la police, le seul être qui, croyait-on, pouvait tenir tête au roi des anarchistes (p. 199). Celui qui avait été pris pour « le grand ennemi de l'humanité dont l'évidente et immense intelligence était une chambre de torture » (p. 87), autrement dit le prince des démons, c'était finalement Dieu même (ou l'Esprit de la Nature, dans un système panthéistique). En réponse à leurs questions, il commence par leur parler en énigmes : « Vous saurez ce que sont les étoiles, et vous ne saurez pas qui je suis. Depuis le commencement du monde, tous les hommes m'ont pourchassé, comme un loup, tous, les rois et les sages, les poètes et les législateurs, toutes les Églises et toutes les philosophies. Jamais jusqu'à cette heure on ne m'a pris » (p. 208), ou compris.

Chacun des policiers compare Dimanche à l'univers ou à l'un de ses aspects. Pour ce qui est de Syme : « J'ai d'abord vu Dimanche de dos seulement et, en regardant ce dos, j'ai compris qu'il était celui du plus méchant des hommes. Il y avait dans la nuque, dans les épaules, la formidable brutalité d'un Dieu qui serait un Singe. Et l'inclinaison de la tête était d'un bœuf plutôt que d'un homme. J'eus l'idée révoltante que j'avais devant moi, non plus un homme, mais une bête revêtue d'habits humains. Et alors il y eut ceci qui me stupéfia. J'avais vu ce dos de la rue, tandis que Dimanche était assis sur le balcon. Quelques instants plus tard, étant entré, je le vis de l'autre côté, je le vis de face, en pleine lumière. Cette face m'épouvanta, comme elle épouvante chacun, mais non parce que je la trouvai brutale ou mauvaise. Elle m'épouvanta parce qu'elle était belle et parce qu'elle respirait la bonté. C'était comme la figure de quelque vieil archange rendant des jugements équitables, au lendemain d'héroïques combats. Il y avait un sourire dans les yeux, et, sur les lèvres, de l'honneur et de la tristesse. C'étaient les mêmes cheveux blancs, les mêmes larges épaules vêtues de gris, que j'avais vus de la rue. Mais, de derrière, j'étais sûr de voir un animal ; de face, je sus qu'il était un dieu ». C'est Pan, lui fit-on observer, lequel tenait à la fois du dieu et de la bête. Syme poursuit : « Alors et toujours depuis, tel fut pour moi le mystère de Dimanche. Or c'est aussi le mystère du monde. Quand je vois ce dos effrayant, je me persuade que la noble figure n'est qu'un masque. Mais que j'entraperçoive seulement, dans un éclair, cette figure, et je *sais* que ce dos est une plaisanterie. Le mal est si mauvais que nous ne pouvons voir dans le bien qu'un accident. Le bien est si bon qu'il nous impose cette certitude : le mal peut s'expliquer ». Pendant qu'il le pourchassait, Syme eut cette réflexion : « Je fus envahi par cette impression que le derrière du crâne de Dimanche était sa vraie figure — une figure effrayante qui me regardait sans yeux. Et je m'imaginai que cet homme courait à reculons et dansait en courant. (...) Ce fut exactement le pire moment de ma vie. Et pourtant quelques minutes plus tard, quand il sortit la tête de sa voiture et nous fit une grimace de gargouille, je sentis qu'il était comme un père qui joue à cache-cache avec ses enfants. (...) Je vais vous dire le secret du monde! C'est que nous n'en avons vu que le derrière (...). Ne comprenez-vous pas que tout nous tourne le dos et nous cache un visage ? Si seulement nous pouvions passer de l'autre côté et voir de face ! » (p. 226-228). Serions-nous devant un Dieu de la coïncidence des opposés, sorte d'abrégé des contradictions du cosmos, de quoi justifier l'allusion à Pan et insinuer le système qui dérive de son nom ?

Chez Dimanche, les policiers sont invités à endosser un costume qui cette fois-ci ne les dissimulait pas, mais révélait (p. 235), correspondant au jour de la création du monde dont ils portaient respectivement le nom dans le Conseil des anarchistes. On fait revêtir à Syme une blouse verte arborant le soleil et la lune, allusion à leur production le jeudi (p. 234), jour qui correspond au poète en Syme cherchant à donner forme à la lumière, par contraste avec Lundi, épris de la lumière sans forme (p. 237). Les jours sont comptés à partir du dimanche chrétien (p. 234), par quoi il faut entendre qu'y correspond le jour du repos, la création ayant débuté le lundi. Or voici ce que leur déclare leur hôte tout de blanc vêtu : « Restons ensemble quelque temps, nous qui nous sommes si douloureusement aimés, si opiniâtrement combattus. Je crois me rappeler des siècles de guerres héroïques, dont vous avez toujours été les héros, épopée sur épopée. Iliade sur Iliade où vous fûtes toujours compagnons d'armes! Que ces événements soient récents ou qu'ils datent de l'origine du monde, peu importe, car le temps n'est qu'illusion. Je vous ai envoyés dans la bataille. Je restais dans les ténèbres, où il n'est rien de créé, et je n'étais pour vous qu'une voix qui vous commandait le courage et une vertu surnaturelle. Vous entendiez cette voix dans les ténèbres, puis, vous ne l'entendiez jamais plus. Le soleil dans le ciel la démentait, le ciel même et la terre, la sagesse humaine, tout démentait cette voix. Et moi-même, je la démentais, quand je vous apparaissais à la lumière du jour » (p. 241). En réponse à la question portant sur son identité, il déclare : « Je suis le Sabbat : je suis la paix de Dieu » (p. 242).

Or Lundi, demeuré irréconcilié, ne saurait l'admettre, car Dimanche fut un outrage à la lumière (p. 243), autrement dit à la raison. Mercredi, pour sa part, trouve *cocasse* que leur hôte ait été des deux côtés à la fois, se livrant à un combat contre lui-même (p. 243). On s'insurge aussi contre la souffrance qu'il a fallu endurer. Survient alors le vrai anarchiste, Grégory, de noir vêtu. Et Samedi alors de réciter le verset du *Livre de Job* : « Or il arriva un jour que les fils de Dieu étant venus se présenter devant l'Éternel, Satan vint aussi parmi eux » (p. 244). Ce qui achève d'élucider presque toutes les énigmes du livre scellé de l'Histoire, les policiers prenant figure non seulement de principes cosmiques qui, à l'instar du Démiurge et des archontes du système gnostique de Valentin, ignorent qui les a produits, mais aussi de Fils de Dieu (*bené Élohim*), d'archanges si l'on préfère.

Le tenant du chaos commence par prendre une guise méphistophélique : il aurait voulu anéantir le monde si cela avait été en son pouvoir (p. 244). Puis il se convertit en révolté superbe, Satan miltonien de belle envergure, accablant la loi et dénonçant les sept anges du ciel qui n'ont jamais connu l'affliction et la tribulation (p. 245). Ce contre quoi se dresse Syme convainquant de fausseté son argument, car ils ont bel et bien enduré les douleurs de l'être afin que « chaque fidèle à la loi puisse mériter la gloire de l'anarchiste dans son isolement » (p. 245). Mais Syme hésite, et questionne à brûle-pourpoint Dimanche : « Avez-vous jamais souffert ?» Le visage de l'Ancien des jours grandit alors jusqu'à remplir le ciel et tout plonger dans les ténèbres desquelles une voix s'élève en murmurant : « Pouvez-vous boire à la coupe où je bois? » (p. 247). Ultime élucidation, car il s'agit d'une parole du Christ en Marc 10:38 adressée aux fils de Zébédée réclamant de siéger à sa droite et à sa gauche dans sa gloire. La coupe signifiant la Passion, la perspective se modifie et on glisse soudain d'une sorte d'Ancien Testament ironique à un Nouveau Testament qui ne l'est pas moins, sauf qu'ici on possède Dieu, guère sa peine. Dans une parabole onirique comme celle du roman de Chesterton, la question n'est pas de savoir si cet homme est Dieu, mais bien si ce Dieu ambigu[50] qui plane au-dessus des oppositions irréconciliables, Dieu dissimulé et manifesté, défenseur de la loi et négateur méphistophélique, est aussi celui du Nouveau Testament, s'il ne se borne pas à jouer à cache-cache, mais paye aussi de sa personne. Du premier les intentions demeurent secrètes et, dirions-nous aussi, empruntant l'expression à Luther, ses œuvres sont toujours d'aspect défiguré et paraissent mauvaises, tant les siennes que celles qu'il opère dans l'homme (*cf.* *W* 1, p. 357), obligeant, par exemple, les policiers à se grimer en anarchistes fielleux. « Tant qu'on n'arrive pas au dernier jour, dit Luther, il faut concéder au diable, une heure durant, la divinité, et inversement, à notre Dieu la diablerie (*Teuffelheit*) » (*W* 31, I, p. 250).

On est également frappé de voir que l'ambiguïté est propre à Dimanche, le Dieu manifeste, le non-manifeste étant figuré par le chef de la police. En effet, Dimanche paraît de dos autrement que de face. Alors que chez Luther, la vision dorsale est celle de la souffrance et de l'humiliation par quoi Dieu se révèle, pour Chesterton, elle dévoile le maléfice dont se revêt l'être divin (ou l'être tout court dans une version strictement panthéistique, plus schellingienne). Dans les deux cas,

50. Ambiguïté qui est nécessaire à l'homme, selon Jaspers : « Dieu est équivoque et plurivoque (…) Dieu doit apparaître comme Dieu trompeur afin que la liberté et l'originalité humaines puissent accéder à l'effectivité » (*Von der Wahrheit*, Piper, Munich, 1948, p. 780). Ambiguïté qui est au fond celle de l'homme dès lors qu'on le considère dans sa complexité et son audace. Jugement émis au sujet d'Adam Wayne : « Il pourrait être Dieu. Il pourrait être le diable » (Chesterton, *The Napoleon of Notting Hill*, Rockville, Manor, 2008, p. 79).

il s'agit du contraire, mais Chesterton ne réserve pour ainsi dire pas à la théologie de la Croix le champ de la vision dorsale. Tout se passe comme s'il prêtait au Dieu vétéro-testamentaire d'avoir porté le masque impénétrable du diable et que toute son affaire était d'être pourtant reconnu là-dessous. L'éternité ne ressemble-t-elle pas au monde à l'envers ?[51]

Il y a là une tension entre le Dieu ironique et celui de la coïncidence des opposés. Le premier ne conjoint pas substantiellement en lui les contraires car son centre appartient à l'un des deux, l'autre gravitant à la périphérie. Celui de la coïncidence des opposés les intègre. Il est bifrons (à l'instar du Dieu dyothélite du *Serf arbitre*) ou multifrons plutôt que facial-dorsal, si le dorsal n'est pas de l'essence. La question qui est

51. *Cf.* Chesterton, *Manalive,* Londres, Nelson, 1912, p. 53. Belle ironie dans *Le Poète et les lunatiques* du même Chesterton : « Un paysagiste a besoin de voir le paysage à l'envers. Il voit alors les choses telles qu'elle le sont en réalité ; oui, et c'est aussi vrai en philosophie qu'en art (...) On croit faire une injure aux gens en disant qu'ils ont la tête à l'envers. Mais lorsque les anges descendent la tête vers la terre, nous savons qu'ils viennent du ciel. Ce sont ceux qui viennent des enfers qui ont toujours le nez en l'air » (tr. J. Fournier-Pargoire, Paris, Gallimard, 1982, p. 27). On notera que pour l'article *L'Essence de la critique philosophique en général,* dû probablement à la collaboration de Hegel et de Schelling, le monde de la philosophie est à l'envers dans la mesure où il s'oppose directement à l'entendement et plus encore au sens commun (V, p. 13). Il y a peut-être là de quoi rappeler, comme par un lointain écho, plutôt que la fameuse pièce de Tieck, *Die verkehrte Welt*, l'aphorisme de Luther : « Personne ne philosophe bien, sinon celui qui est fou, c'est-à-dire chrétien » (*W I*, p. 355).

posée en présence de la divinité chestertonienne est de savoir quel mode d'ajointement préside à son être. Identifiée à la nature, elle doit nécessairement composer tout le divers, et singulièrement les deux forces de la création et de la destruction, antagonistes mais complémentaires. En retrait par rapport à la nature, elle est susceptible de se déclarer ultimement pour le bien à l'exclusion du mal, la destruction devenant son vil instrument (le méphistophélique esprit qui nonobstant qu'il veut toujours le mal, produit le bien). C'est du dieu de la coïncidence des opposés, en face duquel ne se dresse aucun principe opposé, qu'on pourra dire : personne contre Dieu sinon Dieu lui-même[52], ce qui se décline sans effort en termes dyothélites. Mais en concurrence avec un dyothélisme de la juxtaposition, il en est du surmontement, soit que la volonté insondable l'emporte sur la volonté d'amour, soit l'inverse, ce qui conduit à décliner autrement la devise : personne ne vainc Dieu sinon Dieu lui-même, idée que Schelling articule (VII, p. 439 ; XII, p. 44-45), non Luther.

Quoique Chesterton ne fût pas de ces girouettes, qui comme le dit Luther cité par Schelling, changent d'avis à tout instant afin de deviner d'où souffle le vent ou attendent, pour se décider, de savoir qui, du Christ ou de Bélial[53], aura raison de l'autre (XIII, p. 24), et quoiqu'il ne fût pas non plus de ces esprits accom-

52. « *Nemo contra Deum nisi Deus ipse* » (Goethe, *Dichtung und Wahrheit*, IV, XX).

53. Qu'on ne puisse concilier Christ et Bélial, selon le dire de saint Paul (II Cor 6 :15), est une formule récurrente chez le Réformateur. L'imputation de frileuse hésitation entre les deux vise ici Johann Major qui devait représenter Luther à la conférence de Ratisbonne de 1541.

modants qui tentent de concilier les opposés (*cf.* *W* 40, I, p. 37), force est de constater que c'est la radicalité de l'antagonisme qui lui échappe dans le roman de 1908, par quoi sa proximité avec Schelling s'avère plus importante qu'avec Luther.

Note complémentaire. On observe dans le roman un système d'ironie généralisé, qui est le côté d'ombre de toute position lumineuse. 1/ À Grégory qui ne parvenait pas à trouver une couverture convenable, le terrible Président du Conseil anarchiste central recommande de se déguiser en anarchiste déclamant ses avis sur la place publique de telle manière qu'il ne puisse pas être pris au sérieux. L'ironie ici consiste à dissimuler la chose subversive sous le Même, mais un Même ironisé, d'inoffensive apparence. Or Dimanche ne procède pas autrement pour tout le Conseil : « Pour le cas où vous ne le sauriez pas, je vous dirai qu'il a résolu de nous cacher en ne nous cachant pas du tout. Au début, naturellement, nous nous réunissions sous terre, dans une cave, comme font les membres de votre section. Puis Dimanche nous convoqua dans un cabinet de restaurant. Il disait que si nous ne paraissions pas nous dissimuler, personne ne se défierait de nous » (p. 74). 2/ Lors de l'élection de Syme, Grégory, candidat qui sait que Syme est un tenant de l'ordre, prononce un discours dans lequel il le circonvient en ce qu'il présente les anarchistes comme des hommes doux. Syme y contredit et remporte l'élection parce qu'il défend une version meurtrière de la cause (p. 48-51). Chacun exprime donc le contraire de ce qu'il pense. Chesterton dira que « le faux n'est jamais aussi faux que lorsqu'il emprunte les dehors du vrai »[54], sans plus ajouter que le vrai n'est jamais aussi vrai que lorsqu'il emprunte les dehors du faux. 3/ Lorsque l'infernal Worms, vieux paralytique, mais omniprésent dans sa poursuite de Syme, s'avère être un policier, le monde s'inverse : « Syme eut, un instant, l'impression que l'univers avait fait un demi-tour sur lui-même, que les arbres poussaient vers le sol et qu'il avait les étoiles sous ses pieds. Puis, peu à peu, il vint à la conviction contraire : pendant les dernières vingt-quatre heures, l'univers était retourné sens dessus dessous, et c'était maintenant, tout à coup, qu'il reprenait son équilibre. Ce diable qu'il avait fui des heures durant, voilà que c'était un frère aîné ! Et il considérait avec stupeur ce bon diable qui, lui-même, le considérait en riant » (p. 111). 4/ Un acteur imite parfaitement l'anarchiste Worms et réussit à le faire passer pour un mystificateur qui aurait pris sa place (p. 123). 5/ Le chef de la police engage l'un de ses agents dont l'air était par trop innocent à porter des lunettes noires pour acquérir une expression féroce. D'autres se couvrent carrément de masques. 6/ Dans le souvenir de Syme, les traits des satellites de Dimanche s'estompent tandis que les siens s'y maintiennent : « Bien plus, l'absence semblait le rendre plus énergique et vivant encore » (p. 114). 7/ Exemple d'ironie involontaire : « ...maintenant, Dimanche nous tient dans le creux de sa main » (p. 163), ou encore : « ... la peur qu'il inspire à tous ces hommes pèse sur eux comme le doigt de Dieu » (p. 177). Autre exemple d'ironie involontaire : « Quand le ciel serait son trône et la terre son tabou-

54. *Saint Thomas d'Aquin*, tr. M. Vox, Paris, Plon, 1935, p. 92.

ret, je jure que je l'en arracherai » (p. 115)[55]. Symes parle de Dimanche comme s'il était Dieu, ce qui est le cas sans qu'il le sache. En revanche, lorsqu'il clame que loin que Dimanche soit une étoile fixe, il tombera (p. 116), il a bien l'intention de le comparer à Lucifer (*cf.* p. 194). 8/ Le vrai anarchiste, philosophe allemand, considère que « Dieu est le grand principe destructeur de l'univers ; d'où il déduisait la nécessité d'une énergie furieuse et de tous les instants qui brisât tout » (p. 120). Quel n'est pas l'ironique démenti que Dimanche inflige à tous les comparses ! « Il n'y a qu'une histoire à faire, dit admirablement Barbey d'Aurevilly, l'histoire des Petitesses humaines grandies par l'ironie de Dieu, avec cette épigraphe : Dieu se moque de nous ! »[56]

§ 3. C'est sous le simulacre d'un homme que le diable apparaît à Faust. Comme ce dernier s'en étonne, il reçoit une plausible explication : « Peut-être ne sommes-nous complètement des diables que lorsque nous vous ressemblons ; du moins aucun masque ne nous sied mieux. N'est-ce pas votre habitude de cacher ce que vous êtes et de vouloir paraître ce que vous n'êtes pas? »[57] Il y a dans cette répartie une progression :

55. Il y a des cas où une ironie volontaire est redoublée par une ironie involontaire, une ironie à la deuxième puissance, comme lorsqu'en croyant dire le faux sous le contraire, on dit sans le savoir le vrai sous le faux faux. Exemple : l'inscription moqueuse INRI sur la Croix.

56. *Lettres à Trebutien,* III, Paris, Bernouard, 1927, p. 250. Sur le rapport du romancier au philosophe, *cf.* J. Hatem, *Barbey d'Aurevilly et Schelling*, Paris, Orizons, 2012.

57. Klinger, *Vie, exploits et descente aux Enfers de Faust*, tr. H. Roger, Le Méjan, Actes Sud, 1988, p. 95.

dans un premier moment, la forme humaine apparaît comme la plus hideuse qui soit. Dans le deuxième, elle est la plus démoniaque parce que dissimulatrice. Nul besoin d'une laideur de façade où se donne libre carrière la monstruosité d'avoir perverti la créature divine en sorte, dirait Luther, de la faire marcher sur les oreilles et sur la tête (*W* 26, p. 434). C'est sous l'être à l'image de Dieu que va se tapir le maléfice.

§ 4. Riemer, personnage de Thomas Mann, juge que « Dieu est un objet d'enthousiasme, mais lui-même demeure nécessairement étranger à ce sentiment. On ne peut se retenir de lui attribuer une frigidité particulière, une indifférence dissolvante. Pourquoi Dieu s'enthousiasmerait-il ? Pour qui prendrait-il parti ? Il est la Somme, et donc de son propre parti, il est de son propre côté, et il a pour attribut, évidemment, une ironie universelle ». On ne voit pas d'emblée ce qui est entendu ici par cette ironie universelle. Est-ce simplement une attitude détachée à l'endroit de tout ce qui est? La suite permet d'apporter une précision. Le personnage considère le démonique comme un aspect de Dieu. Son *aspect* plutôt que son *envers*. « Puisque Dieu est la Somme, il est aussi le démon »[58]. C'est à se demander si l'ironie n'est pas le fait de la dimension méphistophélique de l'être divin décrétant que tout ce qui existe mérite de périr. On se souvient du mot de Victor Hugo : « L'ironie, c'est le visage même du diable »[59]. Mais si la notion d'*envers* prévalait sur

58. *Lotte à Weimar*, tr. L. Servicen, Paris, Gallimard, 1989, p. 75.
59. *Légende du beau Pécopin et de la belle Bauldour*, XVI.

celle d'*aspect*, comme Riemer hésite à le penser, l'ironie divine ne serait pas seulement relative aux modes finis, mais intrinsèque à la divinité elle-même, la vie divine se résolvant dans un jeu de masques avec elle-même et cherchant à voir l'autre moitié de la lune. Car *autre* précisément il y a — et cela dans la vie divine elle-même. Schelling écrit : « Même si l'on ne s'en tient qu'à la notion de sarcasme moqueur, ironique, habituellement liée à ce mot, il est clair qu'ironie comme sarcasme ne peuvent être imaginés sans qu'il existe un *Autre* que l'Un —. Avec la première altérité hors de l'unité a été posé le fondement de toute ironie ainsi que de tout sarcasme » (XII, p. 622-623). Que si l'altérité se multiplie en un système dynamique et infini d'altérations, on n'aurait plus affaire qu'au démoniaque de l'acteur qui n'ayant jamais eu de personnalité propre s'autorise à déclarer ouvertement : « Je suis seulement un paquet de masques »[60].

§. 5. Luther donne également un emploi à la fausse ironie. Lorsqu'il demande à qui veut devenir juste de devenir pécheur et à qui aspire à l'état de chrétien de commencer par devenir diabolique, il n'invite pas à simuler le démon alors qu'on est un ange, ni bien entendu à s'efforcer au mal. Il appelle plus simplement à une reconnaissance de la condition pécheresse : devenir ce qu'on est vraiment consiste à s'affranchir d'un leurre. C'est à ce moment, précise Luther, que l'on paraîtra saint et véridique aux yeux de Dieu. Mais

60. Chesterton, *The Paradise of Thieves,* in *The Complete Father Brown Stories,* p. 210.

comme il n'en sera pas de même aux yeux des hommes (*W* 5, p. 195-196), la part ironique de l'opération se révèlera dans le résultat.

IV. IRONIE ET CRÉATION

§ 1. Dans divers propos sur son roman, Chesterton a présenté Dimanche comme symbole de la Nature dont le visage, à la fin, change puisque le masque ôté, c'est Dieu qu'on découvre[61]. Explication qui conduit le roman dans les parages de Schelling.

Le philosophe qui a fait de Luther son modèle de référence concernant l'ironie de Dieu, reconnaît à la formule du *sub contrario* une stricte ascendance théologique : « Rien, dit-il, n'empêche que Dieu, dans la mesure où *il* est de par sa nature, l'essence (l'étant en soi) et par conséquent aussi le pouvoir-être celé en elle, ne soit à l'inverse, de par sa pure volonté, l'étant hors de soi, cet έxistamenvn dont nous parlions au tout début. Il importe cependant de souligner que Dieu ne l'est pas pour l'être, mais en raison d'une autre fin qu'il veut atteindre par ce biais. En effet, selon une très ancienne doctrine, c'est toujours à la faveur du contraire (διά τών έναντίων) que Dieu accomplit ses desseins. Il n'*est* cet autre — cet étant hors de soi — il ne réalise effectivement ce possible par son pouvoir immédiat qu'afin d'être vaincu par lui » (XIII, p. 272). Le *Système des Âges du monde*, qui d'ailleurs avait nommé l'une des sources de Schelling, élargit le propos à l'ensemble

61. Dans son autobiographie, Chesterton identifie Dimanche à la Nature telle qu'elle apparaît à un panthéiste plutôt qu'au Dieu d'une religion.

de l'histoire : « L'idée que le processus du monde soit considéré comme un secret de Dieu, dans lequel l'intention est une autre que ce qui est montré à première vue, est si loin d'être indigne de Dieu que *toute l'histoire et le processus du monde et même le christianisme sont incompréhensibles sans ce secret.* Le christianisme repose sur la réalisation d'un plan tenu secret depuis la nuit des temps [littéralement : les temps du monde] ; l'apparition du Christ dans l'histoire du monde est l'accomplissement de ce plan. La clé de l'histoire du monde est l'économie divine cachée au commencement et devenue manifeste par le Christ. Faire quelque chose χατ' οἰκονομίαν signifie : faire quelque chose avec une certaine simulation, donc faire quelque chose d'autre que ce qu'on vise[62] ; comme le dit notamment saint Chrysostome : Dieu exprime ses intentions διά τών ἐναντίων. Dans cette possibilité de montrer et de vouloir un autre se montre précisément la liberté de Dieu qui n'est liée à rien. Dans les psaumes [115:3], il est dit : Notre Dieu habite au ciel (le ciel est la vraie liberté), il fait ce qu'il lui plaît et cela est juste » (*S*, p. 183-184).

Ce n'est pas de passer incognito qui importe à Dieu ou de protéger le décisif, mais d'apparaître sous l'opposé, et cela en posant autre chose que soi[63]. Schelling, celui qui aurait pu être le Luther de la philosophie, suivant une formule de Chestov qu'il convient

62. Schelling distingue ici le moyen et le but.
63. « L'action de Dieu ne consiste pas en l'autoposition (Il n'en a pas besoin), mais plutôt à poser quelque chose d'autre » (*S*, p. 153). En soi, Dieu ne s'aliène pas, l'estrangement n'affectant que la forme (*S*, p. 52).

de distraire de son contexte[64], reprend à son compte l'idée d'un déguisement, voire même d'une ruse de Dieu agissant selon « l'économie » qui le fait « exhiber la plupart du temps le contraire de ce qu'il veut à proprement parler dire » (XII, p. 91). L'originalité de Schelling consiste à appliquer cette idée à la création du monde. Il revendique explicitement ce transfert : « Les hommes dont le regard a scruté le tréfonds mystérieux des voies divines ont toujours affirmé que Dieu fait tout (...) selon un certain déguisement. (...) Personne n'a songé à appliquer ce principe à l'explication du monde même » (XII, p. 91). L'allusion à Luther n'est peut-être pas transparente, recouverte qu'elle est par la généralité. Pour restituer au Réformateur sa propriété, il suffit de rappeler que chez les Pères de l'Église l'économie divine n'implique pas de soi l'auto-dissimulation, mais la Providence et la succession des œuvres divines[65]. Disons que le philosophe, lecteur du traité sur le serf arbitre, ne partagerait pas l'axiome fondamental de Rahner établissant l'équivalence de la Trinité immanente et de la Trinité économique. Il aurait pu toutefois trouver un appui dans la proposition suivante de Luther : « Toute la créature est face et masque (*larva*) de Dieu. Mais ici est requise une

64. *Sur la balance de Job*, II, XXIII.
65. Schelling d'ailleurs n'ignore pas cette acception. *Cf.* XIV, p. 177-178. Il est à noter que Chrysostome use de la formule dans un cadre moral et pédagogique lorsqu'une idée doit être également élucidée moyennant son contraire (*Homélies sur Ozias,* III, 2 ; Sources chrétiennes, 277, Paris, Cerf, 1981, p. 116). Pour expliquer le mal, il faut s'en remettre aux raisons profondes et inexplicables de l'économie divine (*Sur la Providence de Dieu*, XII).

sagesse qui discerne Dieu du masque » de crainte qu'on prenne ce dernier pour Dieu. Or c'est précisément de cette sagesse que manque le monde (*W* 40, I, p. 174) à quoi supplée la perspicacité octroyée par la foi. Mais ce qu'il importe de souligner ici, c'est que le propos de Luther ne concerne pas cette créature particulière qu'est le diable, mais bien toutes les créatures : elles « sont des masques et des déguisements de Dieu à qui Il permet d'agir avec Lui » (*W* 17, II, p. 192), notamment lorsqu'Il entreprend de châtier (*W* 17, II, p. 59). C'est par ce biais que Schelling se situe dans la droite ligne de Luther, bien que ce dernier songe en priorité aux hommes[66] ou plus précisément à l'histoire (*W* 15, p. 373). Tandis que pour un Luther baroquisant, l'être créaturel est la scène où paraît l'Auteur dans la guise des acteurs (*theatrum mundi*), il est, pour Schelling, une dimension de l'Auteur déguisé (*theatrum naturae*).

Le philosophe fait fructifier l'héritage du théologien lorsqu'il détecte un agir ironique de Dieu dans son auto-constitution. Une réalité ne se produisant que par surmontement, l'Éternel doit susciter en lui-même l'opposition pour parvenir à soi-même comme esprit à la faveur d'ascensions successives. Or le terme opposé est précisément ce qu'il ne veut pas au final, mais qu'il est amené à vouloir comme moyen. C'est précisément parce qu'Il est volonté que Dieu est capable d'agir par le contraire : « Seule la volonté peut, pour vouloir le but, vouloir aussi le moyen (le non-but) » (*S*, p. 142).

66. On peut s'en convaincre : « Le magistrat, l'empereur, le roi, le prince, le consul, le docteur, le prédicateur, le précepteur, le disciple, le père, la mère, les enfants, le maître de maison, le serviteur, etc., sont des masques » (*W* 40, I, p. 175).

Pour le philosophe et le théologien qui dépistent l'ironie de Dieu, la preuve est donnée de sa liberté.

Les trois puissances qui structurent dynamiquement l'être et dont Dieu est pourvu sont le *Pouvant-être* (A1) à qui il est indifférent de s'actualiser ou pas (et qui deviendra la cause matérielle de la création)[67], le *Nécessité-à-être* (A2), ce qui ne peut être autrement qu'il n'est (la cause formelle ou efficiente de la création), et le *Devant-être* (A3) qui, synthétisant les deux premières, est à la fois acte et puissance (la cause finale de la création) (*cf.* XII, p. 112 ; XIII, p. 290). Bien que destiné à rester dans son état de potentialité comme volonté au repos, A1 s'élève à l'acte pour la bonne raison que, porteur de toutes les possibilités, il recèle en lui celle de renoncer à être subordonné à A2. Ce faisant, il précipite A2 dans la potentialité et devient B, force négatrice et

67. Au pouvoir-être correspond un état d'indifférence — un peu comme Jekyll qui n'aurait pu donner le jour à un ange plutôt qu'à un démon que parce qu'il les comprend tous deux qui le composent : « Cette nuit, j'étais parvenu à la fatale croisée des chemins. Si j'avais envisagé d'un esprit plus noble ma découverte, si j'avais risqué cette expérience sous l'empire d'aspirations généreuses ou pieuses, tout aurait pu se passer autrement, et, de ces agonies de mort et de renaissance, je serais sorti ange au lieu de démon (*fiend*) » (*The Strange Case of Dr. Jekyll and Mr. Hyde,* ch. X), et non pas de confusion ou même de mélange. Pour Schelling bien et mal sont mêlés dans l'homme extérieur, mais dissociés dans l'homme intérieur, sorti de l'indécision, qui est ou bon ou méchant, le bien voilant le mal et inversement (VII, p. 475 ; *Stuttgarter Privatvorlesungen,* Bottega d'Erasmo, Torino, 1973, p. 194). Comme c'est la mort qui est révélatrice de l'être, Stevenson a raison de comparer la résolution de Jekyll en Hyde à un trépassement.

excluante de tout. A2 va s'efforcer alors de refouler la première puissance en ce qu'elle proscrit la détermination — après quoi A3 s'imposera comme harmonie et esprit. Si maintenant le but divin est de parvenir à A3, l'insurrection de B comme puissance de négation et d'exclusion apparaît comme une médiation nécessaire et un procédé ironique de Dieu. On comprend alors comment Dieu, comme dit Schelling, pose B et tout à la fois le nie (XIV, p. 26). Encore un dyothélisme divin, mais cette fois-ci une volonté est dite apparente, tandis que la seconde est qualifiée de véritable (XIV, p. 55).

Dieu détient le pouvoir de s'extérioriser, c'est-à-dire de poser les puissances hors de soi. Pouvoir de créer qui est d'abord pouvoir de se nier, de se nier comme pur pouvoir immédiat et illimité hostile à toute créature (XIII, pp. 204, 226), car il lui faut commencer d'être ce qu'il ne veut pas être, les successives puissances qui sont les trois archi-figures de l'être divin, et partant, les matrices logiques et ontologiques de tout l'étant. En tant qu'elle représente le champ infini et indéterminé du possible, la première devrait se subordonner à la deuxième, l'ordre rationnel, susceptible, en la limitant, de poser l'effectif. Mais la première puissance ne se constitue siège et trône du Très Haut que contrainte, c'est-à-dire, reconduite de l'actualité qu'elle usurpe à la potentialité. Dans son état insurrectif, ses valeurs sont renversées et elle devient un *Ne-Pouvant-rien-être* répugnant à toute forme. Pour autant, la première puissance inversée ne représente pas un mal absolu car, médiation obligée, c'est bien Dieu en personne (précisons : en tant que personne) qui la pose. « D'abord le simple vouloir divin pose ce qui doit n'être pas, = B (que l'on ne peut penser comme

Mauvais, car rien de ce qui est par la volonté divine, et pour autant qu'il est par elle, ne peut être mauvais : simplement il n'est pas ce qui *doit* être, ni ce qui est *fin*, c'est-à-dire qu'il est *moyen*. Aucun moyen n'est ce qui doit être au sens propre ; sans quoi il serait fin, et non moyen. C'est pourquoi le moyen en soi n'est pas mauvais) » (XII, p. 111). C'est dire que l'auto-actualisation de Dieu passe par une phase irrationnelle, précisément par l'opposition à la vie et donc à Dieu même. B est posé pour être nié par ce qu'on pourrait appeler avec Leibniz la volonté conséquente de Dieu (celle qui se décide pour le meilleur, alors que la volonté antécédente veut le bien[68]). En tant que moyen, il ne se pose pas lui-même, « car rien ne peut se vouloir *soi-même* comme moyen » (X, p. 258). Ces considérations font devoir à l'homme de comprendre et d'admettre la manière divine de faire, lui qui appelle *meilleur* ce sans quoi il ne serait pas, car précise Schelling, « nous considérons naturellement qu'il est meilleur pour nous d'être plutôt que de n'être pas » (X, p. 250). Mais auparavant l'ironie se poursuit par l'inversion de la deuxième puissance qu'entraîne en effet celle de la première qui, passant à l'acte, repousse la deuxième vers la puissance. Ce que veut en réalité Dieu, c'est bien l'émergence de la deuxième puissance, mais pour ce faire, Il commence par la nier car ladite émergence ne se peut sans le surmontement de la première. On voit comment Il a commencé par réaliser ce qu'Il ne veut pas ultimement. En résumé : « Le Père surgit immédiatement dans la création en tant que B mais place sa volonté véritable dans le Fils et par lui

68. *Cf. Théodicée*, § 23.

surmonte et nie ce même être qu'en tant que Père il pose et affirme » (XIV, p. 87).

§ 2. Alors que dans les *Recherches sur la liberté humaine,* il paraît difficile à Dieu de résister à la pulsion de révélation qui anime le fondement, le Dieu de la philosophie positive est initialement maître de sa destinée, ou plus exactement, ne possède pas en soi de destinée. Il détient la liberté d'être ou de ne pas être (*S*, p. 132), de s'extérioriser ou de ne pas s'extérioriser (*EP*, p. 88). Sa liberté consiste précisément à être « libre de tout être » (*EP*, p. 103), précisons : de toute nature qui lui serait propre (mais dont il pourrait se doter ou à laquelle se restreindre — avant de revenir à soi à une puissance supérieure) et, finalement, de tout monde (qu'il lui plaira de créer). S'il devient ceci ou cela ou ceci en cela, c'est uniquement parce qu'il l'a voulu, alors même que « la divinité de Dieu consiste à ne rien vouloir » (*EP*, p. 108). Or voici la difficulté : il ne peut se révéler tel quel, car sortir de la simplicité et de la limpidité de l'essence, cela revient forcément à s'engager dans l'être, à s'affranchir, pour ainsi dire, de la divinité. Le voilement luthérien sied au Dieu schellingien « qui ne devient connaissable qu'en devenant lui-même méconnaissable » (*EP*, p. 107) et qui révèle « autre chose que ce qu'il veut » (*EP*, p. 112) puisque l'essence pose son opposé.

« Une Révélation immédiate de Dieu est impossible (...). Le procès du monde est la Révélation de Dieu *per contrarium*, le mystère dont Il s'est réservé le droit de dévoiler progressivement les explications » (*EP*, p. 113). Dieu persiste dans son retrait lors même qu'Il se révèle pour deux raisons : parce que sa révélation immédiate, en tant que feu dévorant du Principe, anéantirait tout, et parce que sans contraction, il se livrerait entièrement à l'être au lieu d'en demeurer le Seigneur, ce qu'il est par définition en tant qu'il est libre, selon la *Philosophie de la Révélation*, de poser le monde ou pas (XIII, p. 291). Pour le premier point, Schelling convoque à la fois le topos connu relatif à l'impossibilité de voir le visage de Dieu, mais seulement le dos, les *posteriora* (Vulgate Ex 33:23), et le verset de l'Apocalypse johannique affirmant que, devant la face du Dieu des fins dernières, le ciel et la terre s'enfuient sans trouver où se dissimuler (Ap 20:11) : « C'est précisément parce que cette face demeure cachée que sont le ciel et la terre. Que cette face surgisse hors de sa réserve, et elle en vient aux dernières extrémités, à faire frémir l'univers entier » (*EP*, p. 108). Et pourtant Dieu s'est montré. Pour Luther, il s'est revêtu de chair humaine. S'il venait à faire entendre sa tonnante voix en sa sublimité, le mieux serait de prendre la fuite, mais on peut l'approcher dès lors qu'elle use du truchement d'une voix humaine (*W* 40, II, p. 330). Pour Schelling, il a pris figure de monde. Dans les deux cas, il s'est adouci.

Exprimé dans les termes de la philosophie intermédiaire, le deuxième point conçoit que le fondement — le plus bas, la nuit, étant pur désir (VIII, p. 353) — est une volonté pulsionnelle de révélation, est soumis à deux mouvements opposés, d'expansion et de retour en soi « afin que demeure toujours un fond » (VII, p. 361), à savoir une ipséité divine. Pour obéir à la montée de lave, la vie divine ne se referme pas moins sur elle-même dans un geste de scellement de l'intime incandescence. C'est le concept de vie qui exige cette tension du Oui et du Non : « La volonté d'affirmation elle-même ne serait pas vivante, si ne s'y opposait une autre volonté qui tende à retourner vers l'intimité de l'être » (VII, p. 396). Les deux passages diffèrent en ceci que le retour en soi suit la révélation effective, tandis que la volonté de négation la précède et soutient le retour en soi.

Les *Conférences de Stuttgart* identifient les deux processus : l'auto-restriction de Dieu, appelée aussi contraction, constitue l'acte même de la révélation. Il n'est plus le fait du fondement, mais constitue ce dernier. Schelling use pour ce procédé d'un terme emprunté à la christologie : « Le commencement de la création est aussi bien un abaissement de Dieu ; Dieu se laisse proprement descendre jusqu'au réal, il se contracte totalement en lui. Mais il n'y a rien là qui soit indigne de Dieu. Cet abaissement divin, c'est aussi ce qu'il y a de plus grand dans le christianisme » (VII, p. 429). Dans la version prononcée, Schelling a même risqué l'analogie suivante : la création est « un effet de l'aliénation (*Entäusserung*) divine ; c'est là le devenir-homme, la première *incarnation* de Dieu »[69]. Ceci se rattache à l'anthropomophisme divin dont les *Recherches sur la liberté humaine* venaient de souligner l'importance pour l'intelligence de la processualité de la création[70].

69. *Stuttgarter Privatvorlesungen,* p. 120. Sur le Dieu en son aliénation et altération (*Anderheit*), c'est-à-dire posé dans l'être-autre que sa divinité, *cf.* X, p. 124.

70. La *Réponse à Eschenmayer* précise que l'anthropomorphie, qui est l'effet d'un choix de Dieu même, équivaut à un abais-

Qui dit abaissement — ou humilité, le mot de Hamann cité par Schelling dans l'*Anti-Jacobi* (VIII, p. 71) — ou contraction n'enseigne pas nécessairement la manifestation sous le contraire, car il est possible d'envisager la chose sous l'angle de la réduction. Dans le langage des puissances que Schelling récupère dans les *Conférences de Stuttgart,* la contraction ne se donne pas comme un raccourcissement ou un exil en soi, mais proprement comme une restriction à la première puissance (VII, p. 428), à savoir l'être ou l'égoïsme divin.

Les deux volontés de manifestation et de retenue qui sont à l'œuvre dans les *Recherches* se muent dans les *Conférences* en deux principes, de l'amour et de l'égoïsme. Considérons le second terme : « Si cette force était seule, Dieu ne serait qu'être singulier, isolé, particulier, il n'y aurait aucune créature, il n'y aurait rien qu'un être éternellement clos sur soi, plongé en soi-même, et cette force propre de Dieu, étant toujours une force infinie, serait un feu consumant où ne pourrait vivre nulle créature » (VII, p. 438). C'est une manière de faire proclamer par Dieu (ou plutôt par l'un de ses aspects) que rien ne mérite d'exister sinon Lui[71], et que la face essentielle qu'il tournerait vers tout le fini ne manquerait pas de l'anéantir avant toute considération de faute morale, contrairement à ce qu'on trouve chez Luther pour qui la jalousie divine ne s'enflamme qu'au dessein de dévorer le pécheur (*cf. W* 28, p. 581).

Considérons maintenant le premier terme : « Mais de toute éternité s'oppose à ce principe un autre prin-

sement (VIII, p. 168).

71. *Cf.* J. Hatem, *Satan, monothéiste absolu selon Goethe et Hallâj*, Paris, Éd. du Cygne, 2006.

cipe, l'*amour* par lequel Dieu est proprement l'être de tous les êtres (*Wesen aller Wesen*) » (VII, p. 438-439), à savoir leur producteur. Sans ce principe, le monde n'existerait pas, sans l'autre c'est Dieu qui cesserait d'être : « Toutefois, le simple amour considéré pour soi-même ne pourrait *être*, ne pourrait subsister, car, en vertu justement de sa nature expansive, infiniment communicative, il se perdrait s'il n'y avait en lui une force contractive »[72]. Dans l'état d'indifférence des deux principes, il n'est de monde que dans le désir de Dieu. Pour que le monde advienne effectivement, il faut que l'un des principes l'emporte sur l'autre sans l'anéantir : « Dieu élève un principe au-dessus de l'autre, et subordonne celui-ci à celui-là. Cette subordination du divin égoïsme à l'amour divin est le commencement de la création » (VII, p. 439). Alors que chez Luther le *Oui* se dissimule sous le *Non* (*W* 17, II, p. 203) sans que le théologien puisse imaginer un conflit entre eux (pas plus d'ailleurs qu'il ne va en supposer un entre le *Deus nudus* et le *Dieu praedicatus*), pour Schelling, l'opposition du *Oui* et du *Non* (en Dieu même) qui commence par être frontale et dramatique (indécision qui provoque une rotation) se résout par le surmontement du *Non* par le *Oui* (*WA*, p. 143, 175 ; VIII, p. 229-230, 300-303)[73]. Deux dialectiques qui admettent que l'être consiste en un *Oui* et en un *Non* : l'une, de l'être et de l'apparaître, l'autre, du fondement et du conséquent.

72. Vladimir Jankélévitch s'en est souvenu dans *Le Paradoxe de la morale*.
73. Ai-je besoin de rappeler que les analyses de Luther et de Schelling ne portent pas sur le même objet ?

L'ironie dialectique qui mobilise le principe de raison (ou de fondement) tient alors à ceci que la force opposante est forcée de servir à la révélation de matière première. Autrement dit, elle devient la nature : « L'égoïsme divin est l'essence-fondamentale (*Grundwesen*) de la nature — je ne dis pas : il est la nature, car la nature effective et vivante, telle que nous la voyons devant nous, est déjà de l'égoïsme divin dompté et tempéré par l'amour divin. Mais l'égoïsme est l'essence-fondamentale de la nature, le matériau à partir duquel tout est créé » (VII, p. 439). Suivant la dernière philosophie, la matière est issue du purement spirituel surmonté. Le plus haut devient le plus bas, le premier dernier, et le plus intime le plus extérieur (*cf.* X, p. 331). L'intentionnalité de l'égoïsme est brisée et il reçoit une détermination étrangère. Ce n'est pas moyennant un redoublement de soi que l'amour doit pourvoir le matériau, c'est par l'asservissement de l'opposé. L'ironie frappe ici, non pas l'autre, mais l'autre dans le même. Ironie intrinsèque à la divinité qui emprunte, dans la *Philosophie de la mythologie*, la voie d'une féminisation.

La période munichoise de l'enseignement schellingien (1827-1833) qui insiste sur l'extériorisation comme auto-fondation fait Dieu exhiber le fondement qui aurait dû rester dans la latence lors même que le but est de le surmonter afin d'être autre que la pure essence !

§ 3. Cette avancée par rapport à Luther n'aurait pu se faire sans le recours au schème de l'ironie romantique comme auto-réflexion et auto-critique. Schelling fait également fructifier, malgré qu'il en ait, l'héritage de Friedrich Schlegel. Bien qu'il ne retienne de l'ironie que la définition rhétorique, l'acception romantique ne laisse pas d'affleurer dès lors que l'auto-limitation, l'auto-distanciation et l'auto-sous-mission sont tenues pour les corollaires d'une élévation à la luminosité et à la configuration qui sont les deux faces d'une révélation auto-constitutive. Pour autant, l'ironie schellingienne ne vise pas une fluidité pure et la multiplication des points de vue[74], mais la réalité. Le chaos appartient à ce qui doit être surmonté.

D'un point de vue schellingien, l'ironie dialectique de Luther est doublement lacunaire. D'une part, elle est rendue rigide par l'antithèse qui ne s'apaise pas dans un troisième terme[75]. D'autre part, elle possède l'inversion, non le surmontement car la structure de l'un-sous-l'autre n'est pas dictée par la position de l'autre afin de le subjuguer. Soit l'insigne page du commentaire sur le psaume 107 : « La fidélité et la vérité de Dieu doivent toujours devenir tout d'abord un gros

74. « L'ironie, c'est la conscience claire de la mobilité éternelle, d'un chaos infini et entier » (F. Schlegel, *Idées*, § 69). Voir la critique de Hegel dans ses *Principes de la philosophie du droit*, § 140.

75. L'esprit de Luther produit des antithèses dans la Bible. Il en voit partout. Là où Paul parle de bénédiction, il en déduit que la menace de malédiction flotte en l'air (*W* 40, I, p. 391). Puisque le Christ est la Voie, la Vérité et la Vie, il s'ensuit que tout ce qui n'est pas lui est erreur, mensonge et mort (*W* 18, p. 779). C'est qu'il s'agit, par-delà la lettre, de comprendre les Écritures au moyen de l'esprit par lequel elles ont été écrites en sorte qu'elles s'auto-interprètent (« *sui ipsius interpres* ») (*W* 7, p. 97).

mensonge avant qu'elles deviennent vérité. Car, pour le monde elles sont une hérésie. Il nous paraît ainsi toujours que Dieu veuille nous abandonner et ne pas tenir sa parole et il commence à devenir dans nos cœurs un menteur. Et *summa* : Dieu ne peut pas être Dieu s'il ne devient auparavant un diable, et nous ne pouvons parvenir au ciel si nous ne sommes pas descendus auparavant aux enfers ; nous ne pouvons pas devenir enfants de Dieu si nous ne sommes pas d'abord des enfants du diable (...). Inversement, le mensonge du monde ne peut pas devenir mensonge à moins qu'il ne devienne auparavant la vérité, et les sans-Dieu ne vont pas en enfer sans être allés auparavant au ciel et ne deviennent pas les enfants du diable sans être auparavant enfants de Dieu » (Œ VI, p. 235-236)[76]. Deux types d'argument sont juxtaposés, difficilement compatibles. Le premier situe la dialectique de l'être et de l'apparaître dans le registre de la subjectivité : c'est le monde en tant que tel, autrement dit l'extériorité qui n'est qu'extériorité, qui a une taie sur l'œil. Le second la déplace du côté de l'objectivité : c'est Dieu qui prend l'initiative de courir le risque de sembler infidèle à ses promesses. Ici seulement opère une ironie —l'erreur, dans le premier type d'argument, ayant pour ressort la déchéance de l'humanité. Or les deux approches ne sont pas différenciées par Luther, en sorte que le lec-

76. Un manuscrit propose le pendant de ce développement : « Et *summa* : le diable ne devient pas et n'est pas le diable sans avoir été Dieu auparavant. Et il ne devient pas un ange des ténèbres sans avoir été auparavant un ange de la lumière. Car ce que le diable dit et fait, il faut que Dieu l'ait dit et fait : c'est ce que croit le monde et qui nous meut aussi nous-mêmes » (Œ VI, p. 236).

teur s'autorise à balancer entre les options qui s'offrent à lui. Qu'il nous paraisse que Dieu veuille nous abandonner, cela peut tenir à lui ou à nous. Sur fond de cette ambiguïté, Luther poursuit par la dialectique inversive moyennant le passage par le contraire. Il y a d'une part antithèse totale (il n'y a guère de moyen terme entre Dieu et le diable) et, d'autre part, saut de l'un à l'autre. La conjonction n'est pas mentionnée comme mode opératoire (qui tiendrait le milieu entre les deux extrêmes pour servir d'étape où l'on acquerrait ceci avant d'abandonner cela), et de fait, elle n'y a pas d'emploi car le *simul* se maintient tant que l'homme est *in via* (il n'est transitoire qu'au sens où il assure la transition)[77]. Convient-il de prendre la descente aux enfers dans le registre de la dialectique de l'être et du paraître comme si Luther suggérait que l'homme justifié ne faisait que passer pour injustifié à ses yeux ou à celui des autres ? Tel n'est pas mon sentiment. C'est effectivement que l'homme, pour pouvoir bénéficier de la grâce, doit s'être fait l'ennemi de Dieu et parfois s'en prévaloir. Mais aussi, personne ne sera damné qui n'ait trahi sa divine filiation et ne s'en soit targué

77. Il est d'ailleurs légitime de douter de la pertinence de l'expression de conciliation des contraires dans la formule qui veut que la foi « concilie les contraires : elle a la puissance de tuer la mort, de damner l'enfer, d'être péché au péché, diable au diable, au point que la mort ne soit pas la mort, même si le sens de tous atteste que la mort existe » (*W* 43, p. 219). La juxtaposition s'exprime ici en termes de combat et de victoire comme dans le célèbre et bel hymne *Ein feste Burg ist unser Gott* (*W* 35, p. 455-457) qui, s'il n'est pas la Marseillaise du XVe siècle au gré des Anges célestes, l'est à celui d'Engels en l'introduction de sa *Dialectique de la nature*.

peut-être. C'est ici que Schelling introduirait l'idée de surmontement chargée d'expliciter la dynamique de la nécessaire opposition. On ne se contente pas de passer d'un statut à l'autre, d'enfant de Dieu à celui du diable et réciproquement, mais aussi le précédent doit être conservé en tant que vaincu et servir de levier, voire doit même se matérialiser en puissance sous-tenante. À la trame de la succession (*d'abord, ensuite*), il convient de substituer celle de l'inversion (*haut, bas*) qu'exprime l'identité dialectique (par exemple : le bien est le mal, le mal est le bien) culminant dans l'élévation d'un terme qui instrumentalise l'opposé[78]. Or ce dernier ne se donne pas comme une force d'inertie, une résistance passive en somme, mais comme un Non, entendre une volonté. Or une volonté, étant un absolu, est insurmontable. Et c'est pourtant ce qui lui arrive, dominée par le Oui : « Dieu même ne peut vaincre, pour ainsi dire, la volonté autrement que par elle-même » (XIII, p. 206).

Il a été question plus haut de la liberté de Dieu qui consiste essentiellement pour lui, d'être ou de n'être pas (*cf.* X, p. 33), autrement dit de se constituer ontologiquement à la faveur et au dessein de son automanifestation. Or celle-ci le lie de telle manière qu'il

78. Et cela même dans le registre de la connaissance : « Un savoir véritable n'est fondé que sur l'exclusion positive d'un contraire possible en soi et pour soi. Quiconque affirme qu'il sait doit produire quelque chose dont le contraire ne serait pas impossible. Il n'y a donc de savoir que là où il y a certitude, c'est-à-dire un doute surmonté : mais on ne peut douter (*zweifeln*), comme le terme même l'indique, que là où deux (*zwei*) cas sont possibles, de telle sorte que le savoir est une conviction produite par l'exclusion positive du contraire » (*EP*, p. 17).

devient pour ainsi dire libre et serf à la fois, un peu à la manière du chrétien selon Luther (*W* 7, p. 21). Comme ce servage est tourné au service de l'autre, je rejoins la remarque de Jean-François Marquet observant que la thèse schellingienne suivant laquelle être libre consiste à ne pas avoir à se soucier de soi, Dieu étant déjà assuré de son être, est de nature à lui permettre de poser un autre être, ressemble à la liberté luthérienne assignée au chrétien qui, n'ayant pas à s'inquiéter de son salut, peut d'autant mieux se soucier du prochain[79].

§ 4. Schelling ne tient pas la mythologie pour un pur produit de l'imagination. Pour n'avoir aucune existence en dehors de l'esprit humain, les dieux ne bénéficient pas moins de la pleine réalité à l'intérieur de la conscience qu'ils dominent aussi longtemps que le processus de leur auto-déploiement ne s'est pas totalement accompli. Le philosophe aurait accepté sans grand problème la proposition de Jung suivant laquelle les dieux personnifient des contenus inconscients. Mais ne rejoint-il pas ici, vraisemblablement sans le savoir,

79. *Liberté et existence. Étude sur la formation de la philosophie de Schelling*, Paris, Gallimard, 1973, p. 16. Renvoi est fait au § 30 de *La Liberté du chrétien* (*W* 7, p. 38). La suggestive remarque de Marquet réfère sans doute au passage de l'*Exposé de l'empirisme philosophique* qui fait de Dieu le Seigneur de l'être, et partant l'unique nature à n'être pas occupée d'elle-même, car *sui securus,* ce qui le rend apte à prendre soin de ce qui n'est pas lui-même et à délivrer tous les autres (X, p. 260-261 ; *cf.* aussi S, p. 105). Le même passage de Luther sera allégué par Marquet (p. 586) pour fonder la philosophie positive dans laquelle la pensée n'est pas d'elle-même, mais d'un objet extérieur et supérieur.

une intuition de Luther ? L'observation que Dieu ne permet pas que même dans les idoles son nom soit outragé (*W* 19, p. 404) est à même de recevoir son sens de la disposition des gens : profaner ce qu'autrui tient pour saint attente à la sainteté du Nom divin. Luther va encore plus loin en ce qu'il conçoit, dans son commentaire du Deutéronome, un embryon de théologie positive du paganisme : « C'est le vrai Dieu qui, sous le nom mensonger de Baal Peor et son faux culte, était honoré par les Moabites comme il était appelé Baalim par les fils d'Israël ainsi que l'atteste Osée » (*W* 14, p. 589 *cf.* Osée 2:10). Ce qui est quasiment étendre à toutes les idoles ce que le Livre de l'Exode réserve au Veau d'or. Comme pour Schelling, mais à l'encontre des Prophètes de l'Ancien Testament, Luther tient que les dieux étrangers ne sont pas seulement des idoles extérieures, mais bien plutôt l'effet d'une conscience divisée au sujet du vrai Dieu (*W* 14, p. 648).

Or voici l'opinion de Schelling : la conscience est déchue, ce pour quoi elle réactualise, dans la dislocation, les trois puissances unifiées en Dieu. C'est dire que les entités mythologiques ne sont que des éclats du vrai Dieu, entendre du Dieu biblique. « C'est une seule même chose, c'est-à-dire un seul et même Dieu qui apparaît à la conscience mythologique dans la séparation, la tension réciproque de ses puissances et qui se présente à la conscience illuminée par la Révélation en son unité originelle » (XII, p. 187). Comprenons que le procès théogonique qui affleure à la conscience est le fait d'un retour à partir de l'inconscient (*cf.* X, p. 125), œuvrant comme un destin.

Or l'harmonie spirituelle des puissances qui est éternellement accomplie en Dieu, est involontairement défaite par l'homme suite à la chute, les remettant en tension et extraposant la deuxième qui progressivement prendra consistance de Fils explicité et de personne. Pour y remédier, l'humanité doit répéter, dans la conscience, le procès théogonique (*cf.* XII, p. 122). Et l'un de ces moments est la féminisation de la déité de laquelle on attend le Sauveur, A2. À chaque étape correspond une forme de religiosité. Par exemple l'actualisation de la première puissance produit dans la conscience les religions astrales où s'illustre un monothéisme exclusif. Dans la mythologie que nous connaissons le mieux, Ouranos et Kronos représentent l'unité indifférenciée. Le second, « n'est que la conscience ombrageuse elle-même, protégeant, pleine d'angoisse, le Dieu unique qui accapare pour lui seul la divinité » (XII, p. 363). Tant qu'ils dominent, leur jalousie prévient l'émergence de la multiplicité. On sait par la *Théogonie* d'Hésiode qu'Ouranos est émasculé par son fils Kronos de quoi naît Aphrodite dite Urania. Mais Kronos lui-même est castré par Zeus suivant le témoignage de Lycophron convoqué par Schelling[80]. Or tout comme Urania est Ouranos féminisé, Cybèle, appelée la mère des dieux (du multiple donc) et que nous savons par Baudelaire « fertile en produits généreux », n'est autre que Kronos féminisé (XII, p. 194, 363).

> « Lorsque le sexe fut tranché par l'acier de la serpe,
> précipité loin des terres dans l'onde tourbillonnante,

80. *L'Antre des nymphes* de Porphyre en porte également témoignage.

il vogua longtemps par les flots. De la chair
immortelle
jaillit l'affreuse rosée d'écume. Alors une fille
se forma »[81].

Urania n'est manifestement pas une autre divinité, ou même l'instance supérieure A2, mais le phallus modifié, ce que les admirateurs de la Vénus de Botticelli ne soupçonnent guère. C'est que l'artiste leur a fort heureusement épargné la représentation qui affuble d'une barbe le délicieux visage de la déesse (*Venus barbata*), selon une icône chypriote mentionnée par Macrobe, afin que soit manifeste sa condition de divinité masculine féminisée ou même simplement travestie en femme (*cf.* XII, p. 249).

Cette nouvelle figure traduit le renoncement de A1 à occuper la position actualisée et active vis-à-vis de A2, l'instance supérieure. « La conscience et le Dieu qui avait en elle recouvré sa masculinité, s'attendrissent et se féminisent en regard du Dieu supérieur. La vertu virile *qui meurt* en lui (le Dieu dominant) passe tout entière dans le second Dieu. Cette transition est grossièrement et directement signifiée par le symbole de la masculinité, le phallos que l'on portait comme en triomphe au cours de processions, comme en une sorte de trophée de ce moment et de la puissance supérieure qui s'érige au-dessus du Dieu terrassé et spolié de sa virilité. Le Dieu auparavant masculin n'est, en somme, déjà plus simplement accessible au Dieu supérieur, mais il est sur le point d'être *effectivement* surpassé par lui. Le principe résistant, jusqu'à présent inflexible,

81. *Théogonie*, v. 188-192 (tr. Ph. Brunet).

se féminise lui-même en regard du Dieu libérateur, de telle sorte qu'il est en fait le seul Dieu opérant » (XII, p. 352).

En sa passivité acquise, il se transforme en *être*, en matière première de la création suivant la loi de suprême ironie stipulant que l'obstacle à la révélation doit être changé en sa cause matérielle (le *ce avec quoi* on produit). C'est dire qu'Urania est essentiellement mère (*Mâter megala* ou *theôn*) et Schelling ne se prive pas de faire fond sur l'étymologie *materia/mater* (XII, p. 193). Substance du monde, elle est également la mère du Dieu à venir, A2, représenté par Dionysos, mais déjà annonciateur du Christ. Ajoutons que A2 peut connaître une phase d'effémination, à l'instar d'Héraklès (dès lors qu'il est encore trop proche d'Urania) revêtu des emblèmes de la femme et qui se met au service d'Omphale (XII, p. 340), manière d'esquiver les dangers qui le menacent au moment d'entamer sa carrière.

J'ai pris un seul exemple, le grec. Mais comme il convient de voir dans la mythologie une pathologie et l'effet d'une maladie universelle qui affecte toute l'humanité (XIV, p. 144), des correspondances sont à déceler avec les autres religions. Comme des réactions à la féminisation peuvent se produire, une régression vers le Dieu exclusif n'est pas impossible. J'ai développé ailleurs l'incidence de cette idée sur la mystique musulmane[82].

82. Satan *monothéiste absolu selon Goethe et Hallâj,* Appendices, V.

§ 5. Schelling comprend *Asher ehye asher* comme une affirmation de la volonté divine déterminant l'être, comme principe de différenciation interne, ce pour quoi il traduit la locution exodique à la fois par *Je suis qui je serai* et *Je suis qui je veux être* (*EP*, p. 104, 106). Dieu est à la fois ce qu'il est comme essence, et liberté de sortir de soi, liberté de se faire non-liberté pour se reconquérir dans une liberté effective. Or les puissances ne se peuvent déployer que dans la succession puisque l'une n'apparaît qu'en surmontant la précédente. L'unité, ce que Dieu vraiment veut, ne peut advenir que *per contrarium*, si bien que « les puissances apparaissent comme l'Un inversé (*umgekehrte Eins*) qui, dans la volonté divine, est à l'origine comme l'*universum* = *unius versum* » (*EP*, p. 111 ; *cf.* XII, p. 108), soit l'Un retourné, ce qui signifie que l'univers n'est pour ainsi dire rien d'autre que la manifestation du « Dieu extérieurement déguisé du fait de son ironie divine » (XII, p. 90). Le Dieu révélé *per contrarium* (*G*, p. 347) reste le même à l'intérieur de soi, n'étant inversé qu'à l'extérieur. Pareil au Fond des *Recherches sur la liberté* et au Dieu caché du *Serf arbitre*, il demeure le même sous le juste et l'injuste (*G*, p. 465). Schelling aura ici recours à un autre passage de la Bible, le chapitre XIX du Livre des Rois qui rapporte comment Élie séjourna dans la caverne où il a trouvé refuge bien que Dieu lui eût intimé d'en sortir parce qu'il allait passer : « Dieu met en tension ce qui constitue une unité selon sa volonté. La volonté n'est pas supprimée du fait de l'inversion, ce qu'elle veut est invariant, quand bien même elle se déguise et, par cette ironie, se présente comme le contre-pied de ce qu'elle est, ou comme dit le prophète : Dieu n'était pas dans la tempête, il n'était pas dans le tremblement de terre, il n'était pas dans le feu, mais Dieu était dans le bruissement d'un souffle ténu » (*EP*, p. 111). Ce souffle, selon Schelling, ne se surajoute pas à l'ouragan, au tremblement et au feu comme un quatrième élément ; il les traverse tous, comme leur cause subsistante. Dans la version de *la Philosophie de la Révélation* : « Cette altérité qui était l'aspect originellement invisible de sa divinité, rien ne l'empêchait d'en faire désormais à l'inverse le voile de sa divinité par un acte de vouloir le plus libre — acte qui, parce qu'il est précisément extraversion de la pluralité et intro-version de l'unité peut être appelé également *universio*, où cependant Lui-Même en soi ne devient pas un autre, même s'il se dissimule, ou ironie, il ex-pose l'opposé de ce qu'il veut véritablement, comme en cette vision du Prophète : le Seigneur passa devant lui, et d'abord il y eut une tempête qui lacéra les montagnes, puis un tremblement de terre ; puis il y eut un feu, mais le Seigneur n'était pas dans la tempête, il n'était pas dans le tremblement de terre, il n'était pas dans le feu; mais après le feu survint un léger bruissement où était le Seigneur » (XIII, p. 304-305). L'intéressant ici est dans l'insinuation qu'il fut tout aussi bien dans les kratophanies : « Les effets de cette tempête qui lacéra les montagnes et fracassa les rochers, nous les voyons encore dans ce que la nature a gardé de sauvage et de colossal, de même que les traces de ce feu et de ce frémissement qui était naturel à la terre avant qu'elle ne soit affermie sur ses bases. Cette brise légère dans laquelle la divinité s'est approchée à nouveau de la nature, c'est celle qui souffla sur la nature lorsque l'homme fit sa première apparition, car il est prouvé et incontestable que la nature ne s'est apaisée, que le feu ne s'est éteint, que toutes les forces et toutes les puissances de la nature n'ont trouvé leur harmonie qu'avec l'apparition de l'homme » (*Ibid.*, p. 305). L'événement élianique qui récapitule la création, culmine dans la reconnaissance que le vrai Dieu est le maître des puissances qu'il pose hors de lui, qu'il n'est pas l'une d'entre elles, source de l'illusion polythéiste. « Les puissances sont Dieu, mais dans l'inversion » (*EP*, p. 116). Dit autrement : « Les puissances sont le Dieu inversé (*verkehrte*), c'est-à-dire le Dieu en devenir ; toutes choses en sont autant de différenciations » (*EP*, p. 121-122 ; *cf.* XII, p. 106). Le monde n'est pas que l'effet ponctuel de l'ironie de Dieu, il est le Dieu ironisé en permanence un peu comme il est, chez Nicolas de Cues, le Dieu créé[83]. L'ironie est ici dialectique au sens que prête Thirlwall à cette qualification : elle parcourt tout le texte[84], ici le champ entier de l'existant.

§ 6. Schelling qui semblait adopter, dans la période intermédiaire de sa trajectoire intellectuelle, la théorie luthérienne des deux volontés de Dieu, la cachée et la manifeste, dont il fit les deux pulsions du Oui et du Non à l'auto-révélation, en propose une nouvelle variation dans sa dernière philosophie en prenant appui sur un verset paulinien de l'Épître aux Éphésiens (1 :11) qui lui paraît mettre en contraste le *thélèma* et la *boulè* : « En lui nous avons été mis à part et désignés d'avance suivant le dessein du Tout

83. *De docta ignorantia*, II, ii.
84. *On the irony of Sophocles,* p. 484. La traduction christologique de l'ironie dialectique prise en ce sens correspond à la kénose comme acte permanent tout au long de la vie inglorieuse de Jésus (*cf.* XIV, p. 192), et même au-delà, étant donné le caractère irrévocable de l'Incarnation.

agissant selon la *boulè* de son *thélèma* » (XII, p. 94)[85]. Le *thélèma*, volonté extérieure (naturelle, disaient les scolastiques), pose la tension des puissances sans entrer lui-même en tension, étant en elles celui qui opère tout en tout, œuvrant même dans le pervers. La *boulè* ou volonté délibérative ou intentionnelle, est intérieure. Elle ne veut la tension que comme un moyen car ce qu'elle désire, c'est bien plutôt le contraire de la tension, l'unité accomplie et concrète. En définitive, Dieu effectue dans chaque puissance sa visée ultime. Par exemple, la détermination omninégatrice qu'acquiert la première puissance opposée à toute création, disons l'instance méphistophélique, Dieu la veut car sans elle nul passage n'est possible à l'être, puisque la deuxième puissance ne surgit que moyennant le surmontement

85. Il est à noter que Schelling cite le texte grec, non la traduction de Luther, qui rend *boulè* par *Rat* (conseil), ce qui ne convient pas à notre philosophe lequel, par ailleurs, a su célébrer, en tant que président de la Société biblique d'Erlangen, l'événement majeur, à la fois religieux et littéraire, que fut la mise de la Bible à la disposition des peuples allemands. Schelling n'ignore pas que la réalisation de Luther n'est pas la première. Elle lui paraît appréciable surtout parce que « populaire, robuste et pleine de sève spirituelle » (IX, p. 248). Dans sa lettre à Windischmann du 8 octobre 1805, Schelling formule le souhait que la promotion de la philosophie de la nature auprès du peuple (non de la foule, précise-t-il) lui donne d'être à la fois pénétrante, convaincante et compréhensible à l'exemple de l'écriture du Réformateur (*Briefe und Dokumente*, III, Bonn, Bouvier, 1975, p. 275). Il est arrivé à diverses reprises à Schelling de rejeter certaines options de Luther (par exemple XI, p. 468) et de préférer à la Bible du Réformateur une autre version, par exemple celle d'Oetinger (*cf.* Ernst Benz, *Les Sources mystiques de la philosophie romantique allemande*, Paris, Vrin, 1968, p. 64-65).

de la première. « On peut dire que Dieu est en chaque puissance une autre personnalité : la personnalité qui veut B est manifestement différente de celle qui domine B. Mais il n'est pas pour autant pluriel ou multiple : il reste Un seul » (XII, p. 94). Dieu se soumet lui-même à la loi de l'opposition : « Que le même et unique [être] affirme et nie quelque chose *uno eodemque actu*, cela *aussi* dépasse la mesure de toute pensée ordinaire, cela doit lui paraître étrange, cela aussi va contre le principe de contradiction tel qu'il est ordinairement compris, et cependant telle est bien l'attitude de Dieu dans la création : il pose cela précisément que lui-même nie aussi à nouveau immédiatement » (XIV, p. 24-25).

Mais pour autant que la nature est une révélation de Dieu, le *sub contrario* se présente comme une obligation que Dieu admet, grâce à quoi il pardonnera aux athées, une idée qui revient souvent dans la dernière philosophie. Voici d'abord la version de l'*Introduction à la philosophie* : « Le monde est l'existence de Dieu ; mis en doute par lui-même, il s'amuse de voir des hommes donner dans le panneau, et ceux qui le nient sont assurément en droit d'espérer son pardon pour le plaisir qu'ils lui préparent » (*EP*, p. 114). Maintenant celle des leçons sur le monothéisme : « Le monde n'est rien que l'être divin suspendu. Il rit de ceux qui se laissent abuser et, en considération du plaisir que lui procure leur précipitation, c'est de bonne grâce qu'il leur pardonnera de l'avoir nié » (XII, p. 92). La mise en doute est la non-avération de l'essence. Or celle de l'athée est une conséquence de la manifestation inversée de Dieu. Heureusement, la théorie de l'ironie est de nature à « résoudre le doute le plus profond de la raison humaine » (*EP*, p. 112). Comprenons : le doute corrosif suscité par la théodicée[86]. Quant à la suspension, elle signifie, chez notre auteur, ce principe du procès théogonique qui, sans annuler l'être ou même l'unité divine gardée jalousement dans son intériorité, promeut ses puissances dans la division où il est comme mis en contradiction avec lui-même puisque chacune veut autrement que les autres. C'est en raison même de cette extraversion des puissances que, dans la conscience humaine, l'unité suspendue de l'être divin s'explicite comme polythéisme[87].

V. LA RÉVÉLATION SATANIQUE

§ 1. Propre à Schelling est l'idée, essentielle pour son système, que le diable n'est pas une créature, mais le principe B immémorialement surmonté par A2 et que l'homme suscite derechef en lui, et cela à ses dépens. N'étant autre que B ramené à sa condition première de A, l'homme détient la possibilité de se maintenir dans cet état ou de réactualiser le B, ce qu'il fait par sa chute. L'ironie tient à ceci que celui qui pensait gagner la vie éternelle en extériorisant ce principe afin de le dominer se trouve asservi par lui[88]. Voici le B devenu

86. Lui correspond, chez Luther, le doute de celui qui, même saint et rené, demeure sous l'influence de la loi (*W* 39 II, p. 163).

87. Luther ne commet pas l'erreur de ramener tout le paganisme au polythéisme. Qu'il n'y ait qu'un seul Dieu, les païens, dit-il, le reconnaissent aussi bien que Mahomet (*W* 46, p. 601).

88. Version Paulus des leçons de Berlin : *Die endlich offenbar gewordene positive Philosophie der Offenbarung,* Darmstadt, 1843, p. 540. *Cf.* le passage parallèle en XIII, p. 358-359, où le mot ironie ne se lit plus. On est pourtant sûr qu'il a été

esprit qui déborde désormais la conscience humaine et menace de l'anéantir (XIV, p. 38, 257-258).

Schelling n'ignore évidemment pas que la généalogie qu'il propose de Satan s'écarte de l'orthodoxie chrétienne et du sentiment de Luther. Je l'évoque ici afin de marquer la valeur anti-ironique du diable qu'il conçoit. Alors que celui de Luther brouille les frontières afin de se faire passer pour Dieu et le Christ, la fonction de celui de Schelling est élucidante. C'est une vérité admise que le Malin multiplie ses astuces de roué et ses persiflages, mais cela ne tient pas à un acte de volonté puisque s'il ment dès l'origine, selon la parole johannique, cela tient à sa nature de non-étant qui ne peut aspirer à l'existence que moyennant la fraude (XIV, p. 269). La mise en lumière n'est pas sa nature, mais sa fonction. Afin de l'établir, le philosophe prend pour base l'Accusateur tel qu'il apparaît dans le *Livre de Job* : « Comment Satan apparaît-il ici ? Comme un pouvoir enclin à mettre en doute la disposition intérieure de l'homme, et donc à la mettre à l'épreuve, comme un pouvoir donc qui, pour ainsi dire, est nécessaire afin que l'incertain devienne certain, que l'indécis se décide, que la disposition intérieure fasse ses preuves » (XIV, p. 248). Or quand bien même cette fonction serait première, en tout cas dans l'économie divine de laquelle le satan relève tout en se posant comme ennemi de Dieu (XIV, p. 247), elle n'exprime pas la nature de Satan, le B en lui, qui aspire à « supprimer de nouveau la création et la conscience

prononcé car il est noté dans ce même contexte par la *Nachschrift* de Kierkegaard avec la qualification de « divine ». J'y reviendrai.

humaine » (XIV, p. 247). La contradiction qui travaille le Méphistophélès de Goethe se retrouve dans les hautes et basses œuvres du démon schellingien : en tant que refoulé ayant fait retour, il veut réaffirmer le principe du *Pouvant-être*, ce qu'il ne peut qu'en anéantissant les existants, en parfait idéaliste qu'il est : « Je suis l'esprit qui toujours nie » (*Faust*, v. 1338)[89]. Mais comme cette régression est impossible de par Dieu[90], Satan ne réussit, en provoquant le mal à l'existence, qu'à le manifester en sorte qu'il soit dissocié du bien (avec lequel il est originellement mêlé), ce qui est évidemment en faveur du bien, à la fois pour son identification et pour lui fournir les armes adéquates devant servir à vaincre le mal. « Satan (…) est le pouvoir qui, sans être lui-même mauvais, fait néanmoins surgir et met au jour le mal caché afin qu'il ne demeure pas caché parmi le bien, et le pouvoir qui pour cette raison se réjouit du mal qui surgit ou éclate au grand jour, parce qu'il est la confirmation de son doute, et parce que par cette révélation son but est atteint » (XIV, p. 248). Or c'est le souhait de Dieu que « rien ne demeure caché » (XIV, p. 249) en sorte que la fonction de Satan, « approuvée de Dieu lui-même, est de mettre effectivement en doute ce qui est en soi douteux, de mener l'indécidé à la décision, et d'introduire de cette manière une crise que Dieu lui-même doit vouloir, parce qu'il ne peut

89. À comparer avec les vers d'Hugo : « La matière tombe détruite / Devant l'esprit aux yeux de lynx » (*Magnitudo Parvi*).

90. Ou de la force éternelle de Dieu, disait Schelling dans *les Âges du monde* (VIII, p. 343), soit le principe qui résiste aux assauts des concepts les plus agressifs qui eussent, sans lui, anéanti l'univers.

justement vouloir que le mal reste caché, et parce qu'il *doit* vouloir précisément à cause de sa sainteté, que le mal devienne manifeste, qu'il ne se dissimule pas sous le bien posé par lui » (XIV, p. 262). On se souvient que Méphistophélès déclare faire partie de cette force qui « toujours veut le mal et toujours crée le bien » (*Faust*, v. 1226). Mais Satan ne fait pas que dissocier le bien et le mal, permettant à celui-là de surmonter celui-ci, thème repris des *Recherches sur la liberté humaine* : « La création n'a pas de vérité parfaite aussi longtemps que *chaque* possibilité qui lui est opposée ne s'est pas montrée et n'a pas été vaincue en même temps dans sa manifestation » (XIV, p. 274).

Comme négativité incapable de déraciner la totalité de l'étant, Méphistophélès doit se contenter, chez Goethe, d'élaguer les mauvaises branches faibles ou moribondes. Il n'en va pas de même pour Schelling qui rappelle la nature originelle de Satan comme *Pouvant-être*. En tant que « possibilité infinie en soi, qui n'est jamais pleinement réalisée, il joue dans toutes les formes, couleurs et figures, ne pouvant cependant jamais rien par *soi*-même sans l'homme, et c'est pourquoi il cherche à inciter celui-ci à réaliser les possibilités contenues en lui, à les conduire *ad actum* » (XIV, p. 270). Il ne taille pas l'arbre de vie, mais le fait bourgeonner. On peut admettre qu'un possible doive en exclure un autre, ou qu'il doive éliminer une réalité existante. Ce n'est cependant pas sur ce point qu'insiste Schelling par cela qu'il s'inquiète seulement de la multiplication des options. Au final, le résultat est le même : Méphistophélès et Satan favorisent, sans le vouloir, le plan divin en ceci qu'ils propulsent l'homme vers ses destins ouverts. Ils relèvent sans conteste de l'économie divine.

Sans le diable, dit Schelling, l'histoire s'arrêterait. Il est proprement le « moteur de la vie humaine » (XIV, p. 270). Le Dieu de Schelling emprunterait volontiers à celui de Goethe son aveu :

> « L'activité de l'homme se relâche trop aisément.
> Il incline par trop au repos inconditionné ;
> C'est pourquoi je lui adjoins volontiers ce compagnon.
> Qui aiguillonne et stimule et, comme diable, doit créer » (*Faust*, v. 440-443).

En sa complexité, la vie divine comprend la pulsation de la négativité. Disons aussi, la pulsion de cette ironie inversive qui n'est pas sans rappeler ce que Luther disait du Seigneur dont « l'unique occupation est d'élever ce qui est bas, d'abaisser ce qui est élevé, bref, de briser ce qui est fait et de faire ce qui est brisé » (*W* 7, p. 546). Comme ce propos est tenu dans le commentaire sur le *Magnificat,* on est en droit de supposer qu'il relève d'une théologie de l'histoire.

Pour autant que le Satan de Schelling ne cherche pas à passer pour le Christ, il n'est pas le sujet de l'acte ironique. Ceci ne l'empêche pas de faire l'objet et les frais de l'ironie du sort, celle qui fait accomplir involontairement le contraire de ce qui a été visé. Non pas seulement, comme dans le *Système de l'idéalisme transcendantal,* qu'une causalité inconsciente s'ajoute à la consciente pour produire un *autre* fruit que celui que l'agent envisageait[91], car dans le cas du méphis-

91. *De servo arbitrio* fait le même constat en d'autres termes (*W* 18, p. 618).

tophélisme c'est proprement l'*inverse* du visé qui est accompli.

§ 2. On se souvient que la *theologia crucis* considère comment par son *opus alienum* Dieu produit son *opus proprium.* Or voici que Luther précise : « Dieu détruit le diable par le diable lui-même et parfait par une œuvre étrangère la sienne propre (*et alieno opere suum perficit*) » (*W* 57, III, p. 129). Le démon vaincu est celui qui détient la puissance de la mort. L'ironique ruse divine consiste à user de cette puissance pour la renverser. En termes stricts, la crucifixion, comme œuvre propre du diable, assure sa victoire. Victoire qui est immédiatement retournée en débâcle puisque cette œuvre propre de la Haine est simultanément œuvre étrangère de l'Amour[92].

C'est tout au long de la carrière du Christ que le démon sera ainsi floué : « Le diable s'est attaqué au Christ, comme le poisson s'attaque à l'appât et se fait prendre par l'hameçon. La ligne de cet hameçon a été le Christ en tant qu'il a été méprisé par le monde : alors, lorsque Satan a voulu avaler ce ver, il s'est heurté à l'hameçon de la divinité et il a été pris » (*W* 10, III, p. 100). « Le péché se précipite sur Christ et veut le dévorer comme les autres. Mais il ne voit pas qu'il y a là une personne qui est la justice invincible et éternelle. Il s'ensuit nécessairement que, dans ce combat singulier, le péché est vaincu, mis à mort, et que la justice rem-

92. Schelling a dû se souvenir de ses *Leçons sur la méthode des études académiques* où il fait correspondre au christiansime le moment où la liberté est, à l'issue du combat, à la fois vaincue et victorieuse (V, p. 290), écho du *simul* luthérien.

porte la victoire et qu'elle vit » (*W* 40, I, p. 439). Ironie inversive : la mort est mise à mort (*W* 40, I, p. 440).

Cette instrumentalisation de l'opposé qui sera le principe directeur de la dialectique schellingienne du surmontement tout à la fois lie et met en contraste, à travers une pensée du leurre, une démonologie non ironique de la Croix et une théologie ironique de la Croix. Que la Croix soit à la fois le mal et le bien, il appartient au principe de la réversibilité des contraires de le mettre en évidence. Pour sa part, l'instrumentalisation implique la conservation de l'objet précisément en tant que surmonté : « B est englouti par A, quand B se voit dépouillé de son autonomie face à A » (XIV, p. 203).

§ 3. Que l'amour soit l'œuvre propre qui est amenée à emprunter les voies de l'œuvre étrangère, cela ne conduit pas pour autant à minimiser la dureté, voire la fureur, de cette dernière. C'est en connaissance de cause qu'un Léon Bloy s'autorise à évoquer « l'épouvantable ironie de Dieu »[93].

Selon Luther, le recours à la force, nécessaire à la sauvegarde de l'amour, relève de l'œuvre étrangère de l'amour. De là procède l'étonnant passage de *L'Autorité temporelle* : « C'est faire œuvre d'amour que de tuer hardiment les ennemis, de piller et de brûler, et d'entreprendre tout ce qui peut leur nuire jusqu'à ce qu'ils soient vaincus, ainsi que cela advient en toute guerre » (*W* 11, p. 277). Que cette œuvre d'amour soit ultimement celle de Dieu, la suite du paragraphe le

93. *Œuvres*, IV, Paris, Mercure de France, 1965, p. 151.

confirme. Rappelons qu'il y a un usage « politique » légitime de la loi qui vise à réprimer les méchants (*W* 40, I, p. 620). Ce n'est pas d'appartenir *également* à un royaume temporel qui épargne à l'homme d'être soumis à l'ordonnance de Dieu puisque ce royaume est celui de la colère divine. L'erreur est de vouloir implanter le régime de l'œuvre propre (dont la validité se restreint à l'homme intérieur) dans celui de l'œuvre étrangère (opérant pour l'homme extérieur) qui doit imposer la paix et réguler la coexistence. Conception qui mérite d'être évoquée pour jeter une lumière sur la théorie de l'État que Schelling esquisse en 1810 lorsque, après avoir considéré la condition sombrée de l'homme postlapsaire, il écrit : « L'État, pour le dire sans détours, est une conséquence de la malédiction qui pèse sur l'homme. L'homme ne pouvant avoir Dieu pour unité, doit se soumettre à une unité physique » (VII, p. 461), ce qui revient à conférer à l'extérieur (Schelling reprend la terminologie de Luther) la maîtrise. Alors que l'Église s'efforce de restaurer l'unité intérieure, l'État ne cherche à produire que l'unité extérieure (VII, p. 464). Or ce mal nécessaire qu'est l'État n'est pas à comprendre uniquement comme une réalité mécanique, mais essentiellement comme un phénomène du *Grund*[94] ce qui, en termes luthériens, se traduit par l'œuvre étrangère de Dieu dans la mesure où l'État est défini comme « le royaume de Dieu de la main gauche » (*Reich mit der linken Hand*) (*W* 26, p. 385). Une des dernières sentences issues de la plume de l'infatigable penseur confirme l'intuition : « Séparé de

94. Thèse rappelée par Miklos Vetö dans son introduction à Schelling, *Stuttgarter Privatvorlesungen,* p. 69.

Dieu, le Moi est captif sous la Loi comme sous une puissance distincte de Dieu ». La nuance insinue identité et différence, de manière à concéder une relative autonomie, comme la note l'explicite : « Dieu est caché par la loi et ne doit pas s'en mêler pour que la loi soit le maître de discipline » (XI, p. 554). Le vieux Schelling partage avec Luther une même répulsion pour la révolte.

VI. LA RÉVÉLATION CHRISTIQUE

§ 1. Dans ce qu'elle a d'original (je veux dire de proprement schellingien), la christologie de la *Philosophie de la Révélation* s'écarte de l'enseignement de Luther et en prend même parfois le contre-pied. Il n'est pas douteux que sa détraction contre ce qu'il appelle « la théorie ordinaire » (XIV, p. 160-162) n'épargne pas certaines thèses du Réformateur — qui sont d'ailleurs pour l'essentiel conformes à l'enseignement de la Grande Église (*cf.* *W* 46, p. 631-634)[95] —, non celle sur la substitution toutefois (*cf.* XIV, p. 169, 197, 201) dont on ne saurait sous-estimer l'importance, mais dont on ne fera pas, chez Schelling, l'unique motif de la Passion, l'obéissance inconditionnelle du Fils et sa suppression comme puissance cosmique devant restaurer l'unité divine (XIV, p. 82, 237).

Qu'il me suffise de relever, en rapport avec le thème du présent chapitre, que la kénose pour notre philosophe, loin de dissimuler le Fils sous l'*autre* de

95. « On le voit encore invincible quand il traite les dogmes anciens qu'il avait pris dans le sein de l'Église » (Bossuet, *Histoire des variations des Églises protestantes,* I, p. 93).

chair et de sang ou même sous le *contraire* vendu à Satan, ne fait que révéler sa divinité en le dépouillant de la *forme divine* dont il est question dans l'Épître aux Philippiens, forme acquise à la suite de son extraversion (de sa séparation d'avec le Père provoquée par le trébuchement de l'homme — *cf.* XIV, p. 81) qui le pose en tant que personnalité extra-divine, et à l'occasion de sa progressive maîtrise de B, accomplie durant le procès mythologique. Ce dont finalement se débarrasse le Fils au terme de son odyssée extra-divine, c'est de la majesté païenne réalisée au terme de la théogonie transcendantale qui a permis à la « lumière des païens » (XIV, p. 75, 114) agissant sous couvert des figures mythologiques représentant A2, comme Dionysos, de surmonter à nouveau le principe à la fois anti-divin et anti-humain (B) et de conférer la seigneurie au Logos dont la kénose ne le fait se dessaisir, précise Schelling, que de la divinité *inessentielle* (XIV, p. 160). Alors que chez Luther le divin est voilé par l'humain, pour Schelling il l'est par l'extra-divin (XIV, p. 186), l'humain devenant la base de sa manifestation.

Si Schelling se distingue fortement de la tradition, se rapproche-t-il pour autant de la conception que se fait Luther de la kénose ? Nullement ! La forme divine n'est pas, pour ce dernier, un élément de la substance divine du Fils que ce dernier aurait pu manifester comme incarné. Il est clairement énoncé dans le *Sermon sur la double justice* (*W* 2, p. 147) que la kénose ne concerne pas la divinité du Verbe préexistant, mais seulement l'humanité de Jésus. Le Christ aurait pu se prévaloir, en son humanité même, de ces caractères de la divinité que sont la sagesse, la force, la justice, la bonté et la liberté et qui sont d'ailleurs le fait des chrétiens, (entendre les personnes justifiées par la foi[96]), mais il s'est placé sous le joug de la loi et a pris la guise de pécheur par substitution. Il s'ensuit que la forme d'esclave ne vise guère l'humanité comme telle, mais seulement les maux dont elle souffre. Cette guise n'altère en rien l'essence : le Christ demeure en lui-même en forme divine (*W* 17, II, p. 243), c'est-à-dire sage, fort, juste, bon et libre, forme. Ce qui est donc modifié, c'est l'intentionnalité de la forme et son mode d'apparition. Le Christ répudie les avantages que lui confère sa liberté intérieure pour prendre la livrée du serviteur en se soumettant à la loi, résignant ainsi sa liberté extérieure et la toute-puissance (*cf.* U, p. 572). Lorsque *La Liberté du chrétien*, évoquant la kénose, déclare que le Christ « n'avait nul besoin de sa vie, de son œuvre et de sa passion pour le rendre juste et assurer son salut » (*W* 7, p. 35), il est bien établi que le propos se rapporte à Jésus de Nazareth. À tous égards, l'Incarnation n'est pas l'effet de la kénose, en quoi Luther s'écarte de la tradition patristique (que suit Schelling sur ce point). Or comme seule l'Incarnation est irréversible, le Christ est susceptible de revenir sur la configuration kénotique, ce qui adviendra lors de la parousie. Je le déduis des lignes suivantes : « …il s'agit d'une forme corporelle, mais avec une grande puissance, avec de grandes légions d'anges, et avec sa pleine

96. Il est important de souligner ce point : ces caractères peuvent échoir à tout un chacun par le moyen de *l'échange nuptial* entre l'homme et le Christ (*cf.* *W* 5, p. 25) qui permet au premier de se revêtir du second (*W* 40, I, p. 540) — parce que l'inverse a eu lieu dans la mesure où le Christ n'est la justice du chrétien que parce que le chrétien est le péché du Christ.

majesté ; et ils sera assis sur une nuée lumineuse, et tous les saints avec lui » (Œ X, p. 120). La continuité de la condition kénotique n'est pas illimitée, contrairement à ce qu'énonce Schelling qui n'a pour sa part guère de peine à admettre l'irréversibilité de l'Incarnation (*cf.* XIV, p. 218).

De surcroît, bien que contingente, la forme divine est, selon notre philosophe, propre au Logos avant son incarnation. Loin de songer à s'en servir — chez Luther pour la mettre au service des hommes (*W* 17, II, p. 243) —, le Logos renonce à s'en rendre maître et à la mobiliser à son profit (XIV, p. 160). Pas plus qu'il ne reprend l'idée luthérienne, Schelling ne rejoint le mouvement de la christologie kénotique de son contemporain, Gottfried Thomasius, pour laquelle la kénose implique l'abdication de certains privilèges de la divinité comme l'omniscience et l'omnipotence. Il ne s'agit pas, chez ce dernier, d'une abstention de conférer des pouvoirs divins à l'homme assumé par le jeu de la communication des idiomes, mais bien d'une auto-limitation de la puissance divine. Or, pour le philosophe de la Révélation, la kénose est à la fois un affranchissement et une manifestation. Elle permet, en outre, d'épargner à Dieu l'hypothèse d'une modification de l'essence avec laquelle la notion d' « hommification » doit s'arranger.

S'il y a là une ironie, elle se situe en amont de celle considérée par Luther et la prive de toute pertinence. Alors que traditionnellement la kénose passe pour un mode de dissimulation — la *forma servi,* exprimée dans l'*humilitas carnis,* se substituant, en sorte de voiler l'essence, à la *forma Dei* laquelle est adéquate à ladite essence (*divina majestas*) —, Schelling considère, à l'inverse, que c'est la *forma Dei* qui travestissait l'essence si bien que c'est son congédiement qui, d'une part, restaure l'unité avec le Père et, d'autre part, visibilise la nature divine moyennant l'Incarnation (*cf.* XIV, p. 157, 162-163, 165, 186). La gloire divine païenne vaincue est remplacée par « la vraie gloire, la gloire du Fils né du Père » désormais manifeste (XIV, p. 165).

Mais si la divinité est enfin perceptible en l'homme Christ, cela ne s'explique guère par un jeu de la théophanie spéculaire, pas plus que par la présence d'une chair humaine saturée de divinité comme chez Luther (*W* 33, p. 194). Cela tient essentiellement au fait que c'est tout le Logos qui se produit comme homme sur la scène du monde. À quoi s'ajoute que l'humanité, parce qu'elle est « *comme Dieu* » (XIII, p. 347) possédant en soi les trois puissances et libre par rapport à elles (du moins dans sa condition pristine), ne saurait être l'opposé contraire de Dieu, ni même souffrir d'une disproportion infinie entre Lui et elle : « L'humanité effective et véritable est si peu en contradiction avec la divinité, que le sujet, *en* abaissant à l'humain ce qu'il n'a *pas* du Père, l'être qui lui est donné indépendamment du Père, libère justement et seulement dans cette mesure, le divin, c'est-à-dire ce qu'en lui il a du Père », ce qui explique que le Christ se sente comme un simple homme par rapport au Père (XIV, p. 186). Alors que Luther s'élève de l'opposé contradictoire ou simplement relatif à l'opposé contraire, Schelling dissipe le contraire dans le simplement relatif.

L'enjeu est de taille puisque le plus important, pour Schelling, n'est pas que le Logos se rende visible dans sa divinité ; l'essentiel est que par son Incarnation, qui est soumission au Père (*U*, p. 579), et par sa posture orante qui le pose comme simple homme (XIV, p. 188), il *réalise* humainement sa divinité[97] faisant place à l'Esprit par son sacrifice comme puissance naturelle (*cf.* U, p. 569 ; XIV, p. 237) et se réunissant au Père : « Le Logos s'est fait homme avec tout ce qui en lui n'était pas du Père, mais que précisément en cela il a posé dans une pureté et une clarté parfaites l'Un originaire qu'il était avec le Père » (XIV, p. 187), ce qu'il avait cessé d'être par la faute de l'homme. Les puissances sont restaurées dans leur harmonie par la Passion christique qui reconduit l'humanité au centre. Pour cela il a fallu que le Christ fût confronté sur la Croix à la mévolonté : « Se soumettre à Dieu, cela précisément signifiait seulement se soumettre à ce principe de la mévolonté divine, donner à celle-ci puissance sur soi » (XIV, p. 202). Moyen de vaincre la révolte par l'obéissance, et la mort par la résurrection en sorte d'inverser la mévolonté afin que Dieu reconnût l'homme en dépit de la séparation (XIV, p. 218), par quoi Schelling conjoint le motto du *simul justus et peccator* et le thème de l'indépendance du particulier dans *Philosophie et religion.*

§ 2. L'ironie de surmontement est également à considérer, qui a déjà servi dans la doctrine de la création lorsqu'il a été dit que la force opposante se voit forcée de s'abaisser afin de servir de matière première (ou d'organe) à l'émergence d'une puissance supérieure.

97. « C'est uniquement parce qu'il est entièrement et véritablement homme que le Logos est divin » (*U*, p. 576). Une phrase de Luther a comme un parfum schellingien : « Aussitôt qu'il a commencé à devenir homme, il a aussi commencé à devenir Dieu » (*Œ* X, p. 313). Toutefois, il s'agit là de la déification de l'humanité assumée, et non de la manifestation du Logos.

Au point où nous en sommes, l'obstacle est à identifier avec la forme divine en tant qu'elle exerce sur le Logos une attraction afin qu'il se maintienne en son état : « Cette puissance médiatrice était, sans sa volonté et même contre sa volonté, *sans* faute qu'on pût lui imputer, tout à fait indépendante et autonome par rapport au Père, elle pouvait être pour soi, si elle ne voulait pas être de *Dieu* » (XIV, p. 168)[98]. Or il ne suffit pas à Schelling que la forme divine soit sacrifiée sur l'autel de la philanthropie, il a fallu également que sa valence s'inversât et qu'elle devînt le matériau (*Stoff*) de l'humanité du Christ, l'immatériel (la forme divine) ne pouvant se faire matière que pour une réalité qui lui est supérieure (XIV, p. 170). Que la théorie schellingienne de la kénose fasse problème, cela va sans dire, mais déjà pour la comprendre. Les contresens à son sujet ne manquent pas. Elle n'est pas simple évacuation de la forme divine, mais sa matérialisation.

Pour échapper à l'imputation de docétisme, Schelling insinue que le réalisme de l'Incarnation par quoi le Christ possède un corps tout à fait comme le nôtre ne s'oppose pas à sa production directe par le Logos, étant admis que ladite matière obéit, dans les entrailles virginales, au même processus organique que les autres hommes (XIV, p. 182). Précaution importante

98. À rapprocher de l'un des *Aphorismes pour introduire à la philosophie de la nature* : « Tel est le mystère de l'amour éternel que ce qui pourrait être absolument pour soi, ne considère pas comme une proie (*es für keinen Raub achtet*) d'être pour soi, mais n'est tel que dans et avec les autres » (VII, p. 174). Cette définition de l'amour reprend les termes du passage sur la kénose de l'Épître aux Philippiens (2:6) tel que traduit par Luther.

et même nécessaire, mais qui n'aurait certainement pas suffi à écarter les objections de Luther, d'autant que l'explication laisse indéterminée la nature de la médiation corporelle de Marie qui, si elle permet de désigner le Christ comme son fils (XIV, p. 179), suggère, en termes d'aujourd'hui, la fonction d'une mère porteuse, puisqu'au devenir homme ne prend guère part une autre cause, « matériellement », que l'aliénation de la forme divine (XIV, p. 167).

En conclusion, la kénose s'opère en deux mouvements : auto-dépouillement de la gloire — « *sich vor der Verherrlichung zu entherrlichen* » (*U*, p. 396) — et matérialisation de la gloire. Que si l'on prend uniquement en considération le premier mouvement, elle ne saurait s'identifier à l'Incarnation proprement dite, mais seulement la préparer et lui assurer sa condition de possibilité.

VII. L'ÉPREUVE

Le philosophe ne se prive pas de trouver un emploi au travestissement dans le cadre des épreuves qu'il plairait à Dieu d'infliger et qui semblent faire le jeu de l'antique ennemi, car même à celui qui lui est soumis, Dieu peut se dissimuler (*EP*, p. 115) : « Tout ce qui va à l'encontre de Dieu dans le cours du monde, tout ce qui lui fait obstacle est considéré comme une divine *mise à l'épreuve* par celui qui est soumis à Dieu — car comment le sérieux d'une décision, la fermeté d'une volonté soumise à Dieu peuvent-ils être éprouvés autrement que si ce qui arrive est précisément le contraire de tout ce que cette dernière a reconnu comme la volonté divine ? Il n'y aurait pour ainsi dire aucun art à marcher dans les voies de Dieu, c'est-à-dire à agir dans le sens du mouvement divin, si ce qui arrive dans le monde lui était toujours conforme. Ce concept d'une mise à l'épreuve divine présuppose donc lui aussi la liberté de Dieu de faire apparemment quelque chose qu'en fait il ne veut pas » (XIII, p. 305). En cela Schelling est fidèle à Luther pour qui Dieu donne parfois le contraire de ce qu'on demande, car certaines de ses voies sont obliques (*W* 4, p. 211) et, par exemple, l'épreuve qu'il inflige à ses saints prouve son amour (*cf. W* 3, p. 330). Aime-t-il ? il se donne comme un adversaire (*W* 56, p. 378).

À l'instar du Dieu de Luther, celui de Schelling ne se manifeste pas de la même manière au pervers et au juste. Et comme la manifestation est un agir, on dira tout aussi bien qu'il n'œuvre pas identiquement en eux. Au premier, il rend pour ainsi dire la monnaie de sa pièce : « À celui qui prend tout de travers (*Verkehrten*), Dieu ne manquera pas d'apparaître de travers » (*EP*, p. 115), à savoir dans la colère. Traduisons : pour l'inverti, Dieu s'invertira, car « il s'oppose à qui se retourne contre lui » (*S*, p. 144), ce qui revient à s'exhiber dans une guise de sans-Dieu[99]. Avec le second, celui qui marche dans les voies divines, Il peut tout aussi bien se dissimuler afin de le jauger. Cela ne va pas sans scandale, si bien que Schelling me paraît faire allusion à telle ou telle récrimination de Job lorsqu'il écrit : « L'expérience ne suffit-elle pas à montrer que Dieu met des montagnes en travers de la voie du bon, et aplanit en revanche les voies du méchant ? » (*EP*, p. 115). Et c'est sans doute d'abord à l'intention des

99. « Dem Verkehrten ist Gott auch verkehrt, er ist Gott-los, also ohne Gott auf der Welt » (*S*, p. 144).

justes outrés par cette scandaleuse incohérence qu'il ajoute : « Il ne faut pas se laisser égarer par l'apparence dans le cours du monde, il faut se garder de la prendre pour l'intention recherchée ». Comprenons qu'il convient d'envisager le panorama d'un point de vue supra-humain ou, à défaut, d'en supposer l'existence et l'observateur. Or le point de vue supra-humain n'est pas seulement plus étendu, comme si l'on devait se jucher sur l'épaule d'un Orion ; il requiert une vision oblique si les voies de Dieu ne sont pas celles des hommes. On se souvient de l'idée profonde de Plotin qui suggérait qu'il fallait pour la vision du mal en soi en tant que multiplicité pure comme une lumière noire et un regard inversé, l'intellect subissant le contraire de ce qu'il est afin d'observer ce qui lui est contraire[100]. De quoi l'ironie me paraît l'équivalent pour Schelling. Le philosophe de l'histoire possède, s'il ne consent guère à tout remettre à l'absurde, un fil directeur, fût-il celui d'Ariane[101], car il est à même de déduire une intention ironique. Schelling poursuit : « Lorsqu'une grandeur terrestre s'élève d'une façon sans précédent, pour disparaître soudain sans laisser de trace, il est à la portée même de l'imbécile de comprendre que le gouvernement divin du monde poursuit des desseins inconnus, qui passent jusqu'à l'entendement de ceux qui s'y entendent » (*EP*, p. 115). Dans la version, de peu anté-

100. *Ennéades,* I, 8, 9.

101. « Ce que nous redoutons le plus, c'est un dédale *sans* centre. Voilà pourquoi l'athéisme n'est qu'un cauchemar » (Chesterton, *The Head of Caesar,* in *The Complete Father Brown Stories*, p. 255). Même idée dans *Le Poète et les lunatiques*, p. 230.

rieure, du *Système des Âges du monde* : « Même contre celui qui s'abandonne à lui (*Gottergebener*) (Job), Dieu peut se retourner afin de l'éprouver. Et ce concept de l'épreuve divine existe dans toutes les religions, guère seulement dans le christianisme ; il dénote que Dieu montre autre chose que ce qu'il fait vraiment. Dieu ne peut éprouver le sérieux de celui qui s'est abandonné à lui qu'en lui montrant, non sa réconciliation, mais sa main punitive. Ce n'est pas pour rien que nous sommes aussi appelés à devenir intelligents, à ne pas nous laisser tromper par l'apparence du cours du monde. Lorsque, sous nos yeux, une grandeur terrestre se hisse jusqu'au plus haut sommet, et tout d'un coup disparaît, il s'agit là de l'ironie sublime de la direction divine du monde, et même l'idiot reconnaît bien ici le plan de Dieu, selon lequel les pensées et le [bon] sens de beaucoup d'hommes deviennent manifestes et l'entendement des raisonnables est couvert de honte. S'il est conforme à l'analogie des chemins de Dieu que déjà son premier acte soit tel que ce qu'il a voulu par une résolution libre, il l'ait révélé par son contraire, alors ce concept d'une économie divine dans la création du monde n'a plus rien de douteux ni de difficile » (*S*, p. 144).

Il y a toutefois cette différence entre la reconnaissance qu'il y a de l'incompréhensible et l'effort visant à sonder les intentions divines, que le philosophe, prétendant que Dieu se révèle médiatement à travers son contraire, affirme quand même que révélation il y a. Peut-être pas en priorité une révélation à l'homme, mais indéniablement une révélation qui aboutit à l'homme. Entendons une révélation dont l'homme fait tout l'enjeu, mais qui pour cela même produit le monde. Dieu se révèle avant de révéler le sens de sa révélation, or c'est cette deuxième révélation que l'on qualifie habituellement telle.

VIII. VARIATION KIERKEGAARDIENNE SUR LA DIVINE IRONIE DE L'AMOUR

Le 26 janvier 1842, Kierkegaard entendit à Berlin Schelling parler de l'ironie de Dieu et consigna le syntagme dans les notes qu'il prit du fameux cours sur la philosophie de la révélation. Le voici en son contexte : « Voici l'ironie divine qui tourne vers l'extérieur un autre aspect, ce pour quoi nous devons être prudents. Le monde est *unum versum, universum* : l'inversé »[102]. Le propos ne l'a pas laissé indifférent, en tout cas sur le moment même, car il y a quelque chance que l'invitation à la prudence ne soit pas du conférencier puisqu'on ne la retrouve ni dans la transcription du cours par Paulus ni dans la version définitive publiée posthumément.

S'il est normal de ne pas repérer cette catégorie telle quelle dans l'œuvre du philosophe danois qui, à l'encontre de Schelling, ne s'est pas aventuré dans l'exploration des abysses divins, il paraît légitime de s'étonner que Climacus, le pseudonyme dont use Kierkegaard pour signer les *Miettes philosophiques,* ne lui assure pas un emploi digne d'elle dans le mouvement de Dieu vers l'homme car en cette occurrence, nous avons affaire à de l'ironie, du moins en régime de christianisme, et non à du paradoxe, qui, en tant que

102. « Dette er den gudd. Ironie, der saaledes vender en anden Side ud, hvorfor vi maae være kloge. Verden er unum *versum, universum*, det Omvendte » (III C 27).

passion de la raison humaine (non de la raison divine), concerne le rapport de l'homme à Dieu.

On peut imaginer les raisons qui font Kierkegaard reculer devant l'introduction de l'ironie divine dans son discours dès lors que l'on prend en considération l'ironie romantique qui entend s'affranchir de l'objectivité et du sérieux en vue de s'attribuer la pleine liberté moyennant l'œuvre de la négativité infinie, à quoi fait contraste le terriblement sérieux de Dieu qui, lorsqu'il s'incarne, assume irrévocablement la nature humaine et, ce faisant, un vrai corps. À la forme fluctuante accouplée à un contenu vide, le tout visant à la négation de soi comme être fini afin d'affirmer inconditionnellement l'indépendance de l'esprit, fait pendant le contenu de la plénitude absolue dans une forme décidée en sorte d'accéder à la finitude afin de l'exalter. Il est clair que dans ces conditions, ce serait condamner Dieu à la vanité que de lui attribuer quelque posture ironique que ce soit. Pas plus qu'il ne joue aux dés, le Créateur ne se joue de ses créatures. Mieux encore, le dieu aux pouvoirs infinis que vise à devenir l'ironiste[103] est aux antipodes de la geste du vrai Dieu qui, au lieu de priver d'essence les humains afin de les manipuler à sa guise, se lie irrévocablement à leur destin.

Dans sa thèse doctorale, Kierkegaard distingue deux degrés d'ironiste, au premier, le type socratique qui se manifeste avec l'émergence de la subjectivité prenant de la distance par rapport au monde en portant la suspicion sur la validité des phénomènes, au second, le type romantique qui dépend de l'élévation de la

103. *Cf. Werke,* X, *Vorlesungen über die Aesthetik*, I, Berlin, 1842, p. 84.

subjectivité à la deuxième puissance[104]. Il y a peut-être moyen de concevoir un troisième qui refonde la réalité au lieu de l'anéantir, non sans tenir compte de la définition que donne l'auteur lui-même de l'ironie : « Le phénomène n'est pas l'essence, mais est le contraire de l'essence. Quand je parle, la pensée, le sens de mes paroles sont l'essence, le mot est le phénomène »[105]. De prime abord, elle laisse à désirer car elle pourrait également valoir pour l'hypocrisie. Là aussi entre le phénomène et l'essence s'est immiscé un hiatus inversif. L'exemple, chez Luther, est celui de la jolie fille qui a les apparences et la conduite de la chaste vierge tout en étant, au fond une prostituée violant les Dix Commandements (*W* 53, p. 444). À noter également qu'il y a des degrés dans le mensonge ; une demi-vérité fleurette avec l'anti-vérité. Mais voici la différence : dans le cas du mensonge ce que je dis est le contraire de ce que je pense, tandis que dans l'ironie, je dis ce que je pense, mais sous le contraire. Ajoutons, pour compléter le tableau que se mentir revient à penser et dire le contraire de ce qu'on ressent[106]. Si l'ironie n'est pas le mensonge purement et simplement, cela tient à ce qu'il énonce le vrai de manière oblique. Or parmi les

104. *Le Concept d'ironie constamment rapporté à Socrate*, in *Œuvres complètes*, II, Paris, Orante, 1975, p. 218.

105. « *Phænomenet ikke er Væsenet, men det Modsatte* af Væsenet ». *Le Concept d'ironie*, p. 223.

106. Kierkegaard en fournit un exemple concernant Luther qui dissimulait sous la certitude massive dont il était coutumier une incertitude foncière : « Comme on le sait, nos états d'âme cherchent souvent à se cacher dans leur contraire » (*Journaux et carnets de notes*, II, p. 248).

modalités de l'oblique, la plus puissante est l'inversion : dire la chose sous le contraire.

La raison de cette imprécision dans la définition proposée par Kierkegaard est qu'il estime que l'ironie comme trope s'annule elle-même en sorte que « la négation du phénomène immédiat permet à l'essence de demeurer identique au phénomène »[107]. Lorsque je dis le vrai sous le contraire, l'auditoire est censé saisir l'allusion (d'où l'identité de contenu entre le phénomène et l'essence), mais une allusion sertie dans un écrin spécial, un *comment* qui entretient avec l'énoncé et avec l'auditoire des rapports complexes de complicité (ce qui implique une telle différence de forme entre le phénomène et l'essence qu'elle finit par menacer l'identité de contenu). La figure de style s'élucidant immédiatement n'est pas du goût de Kierkegaard qui avait noté au début de sa thèse que « le propre de l'ironie est de ne jamais se démasquer ». Mais c'était pour ajouter que l'ironiste doit être compris de loin[108], ce qui nécessairement exclut l'hypocrisie. Ne serait-il pas travaillé par une pulsion à la manifestation ? Qu'est-ce que l'ironie d'ailleurs sinon une communication, indirecte si l'on veut, ou même directe, à sa manière ? Comme sa définition le signale, elle comporte une phénoménalité, la sienne propre d'abord, mais qui ne laisse pas moins d'être une révélation spéciale (ou spécieuse) de l'essence, celle ensuite de sa victime qui s'enfonce dans l'erreur face à l'attitude de l'ironiste suivant la

107. *Ibid.*, p. 223.
108. *Ibid.*, p. 46-47.

définition modifiée qui veut que « l'ironie rend le phénomène manifeste »[109].

Or la révélation qui est par excellence celle de la divinité se peut concevoir de deux façons, franche ou en biais voire en dessous, dans l'éclat de la gloire ou dans la feinte d'un déguisement, auquel cas ce ne serait pas réticence et encore moins fourberie, mais guise de convenance. Trois possibilités sont à considérer : ce qui convient au sujet de la révélation, ce qui convient à son destinataire et ce qui convient aux deux, c'est-à-dire au rapport. Dans les trois cas, l'ironie est en jeu quoique dans des proportions diverses. Mon dessein est de montrer qu'elle assure la forme dans laquelle, selon Kierkegaard même, Dieu s'incarne. Ce qui est paradoxe du point de vue de l'homme est ironie du point de vue de Dieu.

Dès qu'on se tourne vers Kierkegaard, après avoir sondé l'ironie de Dieu chez ceux dont il a reçu le legs, l'un qu'il a écouté et l'autre qu'il a lu, c'est toute l'atmosphère qui change. Il n'est pas question chez lui de la manifestation de Dieu comme figure satanique ou comme nature, idée qui ne répugne pas moins à sa sensibilité. Est-ce à dire que l'Éternel ne s'avance jamais masqué ? qu'une pensée de duplicité ne l'effleure pas ? « La nature, certes, est l'œuvre de Dieu, mais seule l'œuvre est directement présente, et non Dieu. N'est-ce pas agir envers chaque homme comme un auteur décevant qui ne donne nulle part son résultat en gros caractères, ou qui le donne d'avance dans la

109. *Le Livre sur Adler,* p. 154.

préface ? Et pourquoi Dieu est-il ainsi trompeur ? ». Réponse : « Justement parce qu'il est la vérité »[110]. La ruse de Dieu tient à ceci que par son invisibilité (contrairement à ce qui se passe dans le paganisme qui admet le rapport immédiat), il oblige l'homme à un rapport avec lui indirect, à partir de l'intériorité[111].

La difficulté de connaître Dieu tel qu'en lui-même ou tel qu'il se manifeste n'occupe pas le centre quand bien même elle cause scandale, comme pour Luther, et suscite le paradoxe. Dans ce qui va suivre, il ne sera pas question du rapport de l'homme à Dieu, mais de celui de Dieu à l'homme. Si pour le philosophe de Copenhague Dieu ne peut se révéler tel qu'en son essence, c'est par amour. L'ironie est d'amour.

L'amour n'est pas une pulsion, mais il en possède une, se communiquer à l'aimé. Non pas d'abord convertir à l'amour ou informer l'aimé du sentiment qu'on lui porte, mais bien se communiquer à l'aimé, faire en sorte que l'être qui aime devienne d'une certaine façon l'être aimé — ce qui ne se peut sans l'Incarnation. Aporie de l'Incarnation : en cherchant à abolir la distance, elle risque de la consacrer car l'égalisation que l'amour opère ne se peut si Dieu vient dans sa gloire se pencher sur l'aimé plongé dans l'ignorance. Cette aporie s'exprime par la tristesse de Dieu qui s'interroge sur la modalité de la proximation et le meilleur moyen de conférer l'intelligence de l'amour sans humilier l'aimé. Bien que cette tristesse soit incomparable, Kierkegaard va en fournir une analogie, dans

110. *Post-scriptum définitif et non scientifique aux Miettes philosophiques*, in *Œuvres complètes,* Paris, Orante, X, 1977, p. 225.

111. *Ibid.*, p. 226.

ses *Miettes philosophiques,* moyennant le récit du roi amoureux de l'humble jeune fille. Se déclarer en sa magnificence et l'élever à lui ne pouvait convenir à l'amour cela risquait d'aboutir à une fallacieuse égalisation, le souvenir pouvant persister de l'ancienne disparité de conditions : « Il se demandait si la jeune fille serait en définitive heureuse de ce mariage, si elle aurait le courage de ne jamais se rappeler ce que lui, il ne voulait qu'oublier : qu'il était roi et qu'elle était naguère une humble jeune fille »[112]. Extrême scrupule et délicatesse de l'amour divin, mais aussi dilemme : « Ne pas se révéler, c'est la mort de l'amour, et se révéler, la mort de l'être aimé », qui est, ne l'oublions pas, plongé dans la non-vérité, soit, en termes théologiques, dans le péché.

Au lieu donc de l'élévation, Dieu doit recourir à l'abaissement. Mouvement qui comporte deux aspects : l'amour comme décision de ressembler à l'aimé et l'amour comme don de soi. Dieu prendra donc la figure du serviteur en sorte que l'égalité soit instaurée en toute convenance. Or il est essentiel que la nature humaine assumée ne soit pas un simulacre : « Cette forme est sa forme véritable ; car l'abîme insondable de l'amour, c'est de vouloir se faire l'égal de l'être aimé, et non par manière de jeu, mais en sérieux et en vérité »[113]. La forme n'étant pas d'emprunt, la souffrance humaine est bien réelle[114]. Ce ne sont pas les impératifs de la Rédemption (suivant l'adage : ce qui n'est pas assumé

112. *Les Miettes philosophiques*, in *Œuvres* complètes, Paris, Orante, VII, 1973, p. 26.
113. *Ibid.*, p. 30.
114. *Ibid.*, p. 31.

n'est pas rédimé) qui font Kierkegaard dénoncer le docétisme, ce sont ceux de l'amour. La précision se comprend certes de soi, mais mieux encore dans le contraste avec la légèreté de l'éros séducteur. Dans les *Miettes* : « La forme du serviteur n'est pas fictive, mais réelle ; il ne s'agit pas d'un corps parastatique (*parastatisk Legeme*), mais réel ». Dans le *Journal du séducteur*, il est dit, en revanche, de Johannès : « Il menait une existence beaucoup trop intellectuelle pour être un séducteur au sens ordinaire. Parfois cependant, revêtant un corps parastatique, il n'était plus que pure sensualité »[115]. Kierkegaard qui a trouvé le syntagme dans le passage traitant des christologies gnostiques et manichéenne d'un ouvrage de dogmatique luthérienne[116], pense peut-être aussi à cette machine qui projette des images mouvantes et fantastiques aux fins d'illusion. Tant en Christ qu'en Johannès le phénomène n'est pas l'essence. Mais alors que Johannès se montre sous le contraire, le Christ, la vérité, se montre dans la guise du contraire, la non-vérité. L'infini prend le risque de devenir son contraire et le captif de l'humaine condition, et ceci à jamais.

Mais comme l'ironie de l'amour, à l'encontre de l'ironie de l'éros séducteur, ne vise pas à tromper, mais bien à permettre l'autocommunication de l'aimant, l'essence qui se montre dans la guise du contraire est appelée à se dire telle, à se révéler comme essence qui se montre dans la guise du contraire, car c'est manquer

115. *L'Alternative*, in *Œuvres complètes*, III, 1970, p. 289.
116. « … bloss einen scheinkörper Jesu (*corpus parastaticum, caro putativa*) » (Karl August Hase, *Hutterus redivivus oder Dogmatik der evangelische-lutherische Kirche,* Leipzig, 1833, p. 254).

d'amour qu'en rester à l'ironie de l'amour du moment qu'il n'y a d'union qu'à la faveur de la connaissance. Ce n'est pas tout que de découvrir qu'on est dans la non-vérité, encore faut-il l'apprendre de celui qui est la vérité. C'est pour cela que le Christ, selon Kierkegaard, est amené à lever son incognito en semant des indices, en réalité un seul : que Dieu s'est fait homme ou que l'éternité est née[117]. C'est seulement à la condition que Dieu sauvegarde parfaitement son incognito que Kierkegaard se déclare disposé à le qualifier par l'ironie, mais ce serait au détriment de sa divinité et de sa bonté. Je fais allusion à une note consignée en mai 1843, dans le Journal : « Le paradoxe *absolu* serait que le Fils de Dieu se fît homme, vînt au monde, allât de tous côtés sans qu'absolument personne n'y prît garde, fût au sens le plus strict un *individu* ordinaire ayant métier, femme, etc. (...) Dans ce cas, Dieu aurait été le plus grand ironiste ; il n'aurait pas été Dieu et le Père des hommes »[118]. Ce remarquable passage appelle deux réflexions : la première est que Kierkegaard ne reprendra pas dans les *Miettes* la caractérisation de Dieu comme éventuel ironiste suprême. La seconde est qu'elle est tout à fait négative car elle implique une dissimulation qui, parce que totale, ne révèle rien de l'autocommunication de l'essence *comme Incarnation* aux principaux intéressés en sorte que le Personnage ferait du théâtre et non de la Rédemption. Il est clair que notre penseur peine à qualifier l'amour divin par l'ironie parce qu'il a reçu la notion de Socrate et de Schlegel au lieu de Luther et de Schelling.

117. *Les Miettes philosophiques*, p. 53, 55.

118. Kierkegaard, *Journaux et carnets de notes*, II, p. 160

Je disais que le Christ kierkegaardien est amené à lever son incognito en déclarant qu'il est Dieu fait homme. Caché dans l'humanité et non plus dans la Ténèbre, il se révèle à la foi. Pour peu que l'accès y soit fermé, l'ironie divine demeurera sans faille, l'homme risquant alors de s'enfoncer dans son péché à cause précisément de la révélation, auquel cas l'ironie aura rendu manifeste le phénomène au sens déjà dit, celui du *Livre sur Adler*. Dans l'autre cas, là où elle donne lieu au paradoxe absolu, elle s'énonce comme mystère de l'amour accordant l'égalité. Ce terme d'égalité prend d'ailleurs ici la nuance plus forte d'union que nous lisons en ce contexte comme lorsque Kierkegaard constate que l'unité (*Eenheden*) n'est pas adéquate moyennant l'élévation ce pour quoi il faut qu'elle se réalise d'une autre façon[119]. Or cette voie ne va pas sans embûches, car tout de même que dans l'Ancien Testament, l'homme préfère un Dieu complaisant à un Dieu qui le soumet à l'épreuve, l'obligeant, comme dans l'épisode de la ligature d'Isaac, à l'acte de foi suivant : « Pourtant Dieu est amour et continue de l'être pour moi »[120], dans le Nouveau, il « aime le tout puissant qui accomplit les miracles et non celui qui s'est abaissé »[121]. Très exactement l'opposition, mise en avant par Luther, entre la théologie de la gloire et la théologie de la Croix, celle qui ne dit pas les choses telles qu'elles sont et celle qui le fait (*W* 1, p. 354) ce qui, rapporté à l'ironie de l'amour, signifie qu'elle seule est adéquate à la vérité

119. *Ibid.*, p. 29.
120. *Crainte et tremblement*, in *Œuvres complètes,* II, Paris, Orante, 1972, p. 128.
121. *Les Miettes philosophiques*, p. 32.

de l'amour dont le mouvement ne consiste pas à élever l'aimé jusqu'à l'aimant, mais bien à porter l'aimant à s'identifier à l'aimé si bas qu'il se situe.

IX. LES FIGURES DE L'IRONIE

L'enquête a permis de repérer diverses situations de l'ironie surnaturelle. Il ne me paraît pas superflu, en conclusion, de les faire ressortir.

1. L'ironie divine s'exerce lors de l'auto-constitution de Dieu comme position de l'opposé afin de le surmonter (procédé *per contrarium*),
2. Et lors de la création (procédé *sub contrario*).
3. L'ironie d'amour est divine, lors de l'Incarnation,
4. divine, dans l'Histoire sainte,
5. divine, dans le comportement vis-à-vis de l'homme,
6. christique, de par le revêtement de Satan.
7. L'ironie est satanique, de par le revêtement du Christ.

Dans aucun de ces cas, elle n'est par essence verbale bien qu'elle prenne presque souvent cette coloration. Qu'il me soit permis de conclure par deux vers de Patrice de La Tour du Pin :

> « Sa devise : "Rien n'est humain sans Dieu caché" »[122].
> « Car tout s'échange avec un Dieu celé »[123].

122. *Une Somme de poésie*, Paris, Gallimard, 1946, p. 252.
123. *Ibid.*, p. 610.

Appendice

De l'être à l'audace

I. VOLONTÉ DE L'INFINI OU VOLONTÉ DU FINI

Étant un mode de l'attribut Pensée, la volonté chez Spinoza ne saurait appartenir à la nature de Dieu. Par cela même, elle ne saurait être dite cause libre (même dans un sens spinoziste). Pas plus que la volonté finie, la volonté infinie n'échappe guère au déterminisme. Comme toutes choses, elle a besoin d'une cause par quoi elle est déterminée à exister et à produire un effet d'une certaine manière (*Éthique*, I, 32, cor 2). On dira donc qu'il n'y a rien de tel qu'une volonté absolue, c'est-à-dire un arbitraire divin identifiable à l'essence divine[1], contrairement à ce à quoi inclinaient Luther

1. Selon la définition de Gabriel Biel, l'un des inspirateurs du Réformateur : « La volonté, au sens du bon plaisir, est

et Descartes. Le rationalisme intégral de Spinoza s'y oppose, comme sa conception de l'impersonnalité de Dieu[2]. Il suit de là et que les choses ne peuvent pas être autrement qu'elles ne sont et que Dieu, dans sa production, ne règle pas plus sa conduite sur une cause finale (conception chrétienne) que, comme chez Platon, sur un modèle qui ne dépend pas de lui, le bien par exemple (*Éthique*, I, 33, sc 2). L'action divine ne suit que l'ordre de la nature.

Au profit de quoi Spinoza prive-t-il Dieu d'être volonté ? De l'être. Dieu ne se veut pas : il *est* déjà absolument ; ce pour quoi il possède l'éternité qui est, suivant la lettre du philosophe à Louis Meyer, « jouissance infinie de l'exister » (Lettre XII). Sa perfection implique qu'il ne manque jamais ni à soi ni de quelque chose. Il ne voudra donc rien, car il se réalise absolument en sorte qu'on ne tirera pas de son concept autre chose que lui-même. De tout ce qui est il est la cause à la fois efficiente et immanente. Mais il ne l'est pas de ce qui n'est pas et de ce qui aurait pu être, car il n'y a rien de tel. L'idée, à laquelle Leibniz donnera du lustre, suivant laquelle Dieu aurait eu à choisir entre plusieurs mondes possibles, paraît absurde à Spinoza car ce serait imaginer que Dieu puisse concevoir sans produire et par là vouloir autre chose que ce qu'il aura pu envisager.

On conçoit qu'une philosophie de l'identité et de l'intelligibilité intégrale (IV, p. 390), comme celle que Schelling disposa en 1801, ne pouvait que se mettre progressivement sous la tutelle de Spinoza. Dès les

l'essence divine même » (*Missae expositio*, lectio 68).

2. *Cf. Les Pensées métaphysiques,* II, ch. VIII.

Expositions complémentaires de 1802, le philosophe allemand se plaît à reconnaître dans le Hollandais un penseur qui détenait l'idée de l'Absolu (IV, p. 372). Il lui reprochera dans son *Histoire de la philosophie moderne* d'avoir purement et simplement réduit Dieu à l'être, et cela au prix de sa désubjectivation et de l'absence en lui de volonté. Tout le champ de la possibilité et donc la perspective de la mobilité lui a été retiré car, être aveugle plutôt qu'esprit, il n'a pas la puissance d'être autre que ce qu'il est (X, p. 33-40 ; *cf.* XII, p. 72-73). Et pour cela même il est privé du pouvoir d'inaugurer le réel, d'être pour lui-même et le monde un commencement effectif.

Lorsque l'auteur de *Philosophie et religion* tente de trouver des solutions aux problèmes que suscite la philosophie de l'identité, sa notion d'Absolu est encore tributaire des formulations spinozistes. Son Dieu n'est toujours pas une personne — un Dieu, dira Schelling, qui est un Il (*Er*) et non un Cela (*Es*) (*S*, p. 130) —, ce qu'il ne deviendra que dans les *Recherches sur la liberté humaine* de 1809. Après avoir défini les deux premières formes que la réflexion propose pour concevoir l'Absolu, et qui sont la catégorique (l'Absolu n'est ni ceci ni cela), puis l'hypothétique (s'il y a un sujet et un objet, l'Absolu est l'essence commune des deux), Schelling en vient à l'ultime, synthèse des deux premières, la disjonctive, correspondant au troisième genre de connaissance qui permet de connaître toutes choses *sub specie æternitatis* : « Une troisième forme sert à la réflexion pour exprimer l'Absolu : la forme disjonctive, surtout connue grâce à Spinoza. Il n'y a que l'unique, mais cet unique peut être envisagé, exactement de la même manière, tantôt comme tout à fait Idéal et tantôt comme tout à fait Réel » (VI, p. 24). On devine qu'à l'Idéal correspond la Pensée et au Réel l'Étendue. Ceci évidemment en première approximation. Mais déjà on pourrait s'étonner que Schelling ne mentionne pas les autres attributs. La raison n'en est pas que Spinoza ne leur fit pas un sort sinon dans l'affirmation que la Substance, par cela qu'infiniment infinie, les possède tous (cela pour écarter toute autre candidature que celle de Dieu à la substantialité), car Schelling tient que le Hollandais n'admet qu'une dualité d'attributs d'ailleurs simplement dérivés de l'observation empirique (X, p. 38, 41). Mais Schelling n'est pas spinoziste par ceci déjà qu'alors que, comme il le note (X, p. 39), l'Étendue a priorité dans l'*Éthique* pour ce que l'esprit est idée du corps, c'est l'inverse chez lui dans la mesure où le Réel est l'existence de l'Idéal (sa réplique ou contrepartie ontologique en tant que *viva imago Dei*), en sorte qu'il n'y a pas de matière pure et qu'il pourra énoncer que la force d'uni-formation (*Ineinsbildung*) est celle par laquelle l'âme devient corps (V, p. 386). De là un écart encore plus important avec Spinoza car la disposition de l'Absolu en Idéal et Réel est de nature à fournir une explication de l'origine du fini, ce que Schelling reprochera à son devancier de n'avoir su proposer puisque chez lui le fini est produit *directement* par le fini (X, p. 41).

Mais une véritable pensée de l'origine implique une décision, un acte volontaire, un Oui et un Non, autrement dit, un agent qui soit esprit, non une chose comme Schelling reprochera à Spinoza d'avoir conçu son Dieu, ce qui entraîne l'absence de vie et le fatalisme, toute volonté devenant chose (VII, 349). L'auteur des *Recherches sur la liberté humaine* proclamera donc :

« Dieu n'est pas un Dieu des morts, mais des vivants. On ne voit pas comment l'être le plus parfait pourrait se complaire en une machine, fût-elle la plus parfaite possible. De quelque manière que l'on se représente le mode de consécution des êtres à partir de Dieu, celle-ci ne saurait être une consécution mécanique, une simple effectuation ou une production dans laquelle l'effet produit ne serait rien pour soi-même » (VII, p. 346-347 ; *cf.* U, p. 145). Trois données sont solidaires : un Dieu qui n'est pas une machine produisant des machines, un Dieu jouissant d'une épaisseur existentielle et donc de la vie, un Dieu doté de volonté. La mise en relation dynamique de ces données fait le thème des *Recherches*.

La pensée de Schelling a, comme cela est compréhensible, connu une phase de transition. De Dieu comme l'être, encore compris dans l'horizon du spinozisme, à Dieu comme personne, le passage dut connaître une étape intermédiaire. Ce fut le rôle de *Philosophie et religion* que de l'assurer. Les trois données que j'ai repérées y sont présentes, mais à l'état latent ou inchoatif. Il y a du machinal en Dieu, mais paradoxalement il réussit à ne pas produire de simples machines. Dieu est l'Idéal tenu à l'abri du monde dans la limpidité, mais il est existentié comme ce Réel qui se phénoménalise. Enfin, l'Absolu ne paraît pas avoir de volonté, par cela qu'en lui la liberté absolue est la nécessité absolue, définition éminemment spinoziste, ce qui n'empêche pas les idées dans le Réel de se vouloir elles-mêmes et de sortir de l'Absolu. Il y a donc une origine de la finitude, mais au lieu d'en attribuer *directement* l'exécution à un Infini personnel, Schelling, encore fidèle à tout un pan du système de l'Identité, préfère en rendre responsable ce qui se scinde librement de l'Absolu (de l'Intellect Plotin disait qu'il avait eu l'audace de s'écarter de l'Un[3]) afin de s'aventurer dans la finitude ou comme finitude car le monde est produit par la chute. De là le titre de la présente étude : *De l'être à l'audace*, qui s'entend de deux manières : 1/ de l'être selon Spinoza à l'audace chez Schelling ; 2/ de l'Absolu au monde.

Or si l'infini n'est pas le fini, il est susceptible d'*exister* par le fini. Le terme d'existence désigne ici la manifestation, comme lorsque Schelling écrit que l'Identité absolue *est* sous la forme de son auto-connaître (IV, p. 121-122). Précisons toutefois que si *exister* par le fini implique l'ouverture du champ de l'actualité concrète, rien n'interdit de nourrir l'idée que l'infini ne puisse exister autrement que par le fini, une auto-révélation étant envisageable dans la seule réalité (par exemple dans une structure de type trinitaire). De là la précision du jeune Schelling : « Il faut que des êtres finis existent afin que l'infini expose sa réalité dans l'*effectivité* » (*I*, p. 239).

S'il y a, pour l'Absolu, à démêler deux manières de se révéler, dans la figure de l'identité (comme infini) ou dans celle de la différence (dans la réverbération du fini), il importe de noter qu'elles sont si peu exclusives que l'une entraîne l'autre. L'auto-engendrement de l'infini ne s'accomplit que dans son déploiement dans la finitude. Mais cela aussi se peut de deux façons : soit le fini se donne, dans la temporalité phénoménale, comme la pleine réalisation de l'infini qui est ainsi obligé de passer par l'individuation et donc par une multiplicité concrète, soit le fini libère et accomplit

3. *Ennéades*, VI, 9, § 5.

une potentialité essentielle de l'infini. Schelling envisage tour à tour les deux procédures, la première fois dans l'opuscule *Philosophie et religion,* dont on a pu dire qu'avec lui Schelling « inaugure le continent de sa propre pensée »[4], la deuxième dans les *Recherches philosophiques sur l'essence de la liberté humaine,* que Heidegger considère comme le sommet de la métaphysique de l'idéalisme allemand[5].

II. LE FINI COMME MANIFESTATION INTÉGRALE DE L'INFINI

Conçu comme instance de l'auto-connaissance de l'Absolu, le Réel est défini comme Image. Mais Schelling n'use pas du terme simple de *Bild* ; il opte pour *Gegenbild* qui porte la nuance de vis-à-vis, voire de l'opposition. C'est qu'il dote de liberté l'Image, car l'Absolu n'est pas jaloux de ce qu'il possède en propre[6].

4. Hans Jorg Sandkühler, « Positive Philosophie und demokratische Revolution », in Schelling, *Das Tagebuch 1848,* Hamburg, Meiner, 1990, p. XXVIII.
5. *Die Metaphysik des Deutschen Idealismus,* Gesamtausgabe 49, Frankfurt am Main, Klostermann, 1991, p. 1.
6. Notre auteur cite, à cet égard, une déclaration du *Timée* (29a) qu'il avait déjà remarquée et célébrée dans sa prime jeunesse (*Timaeus,* Stuttgart-Bad Canstatt, Frommann-Holzboog, 1994, p. 27) : « L'ordonnateur du tout était bon : or le bon n'éprouve jamais d'envie pour quoi que ce soit ; exempt d'envie, il voulut que tout lui fût semblable autant que possible » (VI, p. 39). Il me semble qu'il faille corriger la version des *Werke* des *Âges du monde* qui porte : « Quand bien même la divinité ne serait pas, comme le dit Platon, un Dieu ignorant l'envie (*nicht neidlos*), il lui serait impossible de supprimer les forces de cette vie parce que, ce faisant, elle

« L'Absoluité confère à sa Réplique (*Gegenbild*), avec l'être issu de lui, l'indépendance. Cet être en soi-même, cette réalité propre et véritable de ce sur quoi l'intuition porte en premier, est la *liberté*. (...) La Réplique, cet Absolu qui possède toutes les propriétés en commun avec le premier, ne serait pas vraiment elle-même et absolue si elle ne *pouvait* se saisir en son soi pour être vraiment l'*autre* Absolu ». Ce que précisément Nicolas de Cues disait de l'homme : *secundus deus*[7], mais il s'agit ici de Dieu (encore que gros de l'Humanité) qui seul détient le privilège d'être engendré par Dieu. Schelling poursuit : « Or elle ne peut être comme l'*autre* Absolu sans, par là, se séparer de l'Absolu véritable, ou déchoir loin de lui ». Se saisir en *son ipséité*, cela revient à revendiquer l'aséité, que Schelling qualifiera par le syntagme de « la force de l'être-soi »[8], comme fondement de la particularité afin de pouvoir agir à son gré. « L'homme disait Luther, ne peut pas vouloir naturellement que Dieu soit Dieu. Au contraire, il veut être lui-même Dieu et que Dieu ne soit pas Dieu » (*W* 1, p. 225). Mais une liberté qui contient la dimension de l'arbitraire ne se peut concevoir comme liberté de l'Absolu. C'est pourquoi l'acte de se dissocier de l'Absolu revient à une décision de s'affranchir de la Nécessité absolue (et donc du moment spinoziste). C'est seulement hors de l'Absolu qu'une liberté qui ne serait pas

supprimerait sa propre vie, le fondement de son être-étant » (VIII, p. 266). C'est la négation (*nicht*) qui me paraît de trop. Bien qu'elle ignore l'envie, et pour cela se communique, la divinité doit garder *sa* nature.

7. *De beryllo*, VI.
8. *Weltalter*, p. 173. Sur l'aséité dans la *Philosophie de la Révélation, cf.* XIII, p. 251.

nécessité peut se déployer. L'audace et la perfection s'en trouvent disjoints en sorte que la liberté conquise appartient au domaine de la finitude. Schelling précise au sujet de la Réplique qu'elle « n'est *vraiment* en elle-même et absolue que dans l'auto-objectivation de l'Absolu, autrement dit autant qu'elle demeure aussi en lui : ainsi se rattache-t-elle à l'Absolu par la relation de la *nécessité.* Elle n'est absolument libre qu'en l'absolue nécessité. Dès lors qu'elle se sépare de la nécessité en sa qualité *propre*, comme étant libre, elle perd du même coup la liberté pour s'embrouiller dans cette nécessité qui est la négation de la nécessité absolue et est donc purement finie » (VI, p. 39-40). Comprenons qu'elle n'a perdu que la liberté absolue qui est de la nature de la spontanéité filiale, celle qui fait écrire à Schelling dans le Système de 1804 : « Seule l'action qui trouve son origine en Dieu est libre » (VI, p. 542). Résolue à la contradiction, la Réplique se trouve désormais la proie du temps, de la souffrance et de la mort, ce qui est dénommé nécessité finie. Les options de l'homme dans le monde relèvent de la liberté finie, laquelle est un vestige de la liberté absolue. Schelling précise : « De cette indépendance première de la Réplique découle ce qui reparaît dans le monde phénoménal comme la liberté : la dernière trace et aussi le sceau de la divinité contemplée dans le monde déchu ». Ici se situe une liberté qui s'est liée elle-même et s'est soumise, par son éloignement, à l'empire de la contrainte (*cf.* VI, p. 52). Cela ne va pas sans une perversion du rapport ordonné entre le fini et l'infini : « L'âme qui se saisit dans le soi et subordonne en elle-même l'infini à la finitude se détache par là de l'archétype (*Urbild*) et, comme en vertu de l'arrêt, subit ce châtiment immédiat : pour elle le positif de l'être en soi devient négation et elle ne peut plus produire l'absolu et l'éternel, mais seulement le relatif et le temporel » (VI, p. 52). La chute dans la sphère de la finitude ne signifie donc pas purement et simplement le congédiement de l'infini, mais son instrumentalisation. Ce qui est défini en termes de vestige n'est pas que dégradation, il est cette inversion par laquelle la liberté finie use de la puissance originelle infinie en faveur de son activité productrice finie.

D'une part, la liberté finie doit être sacrifiée pour que l'âme puisse atteindre à la liberté infinie (VI, p. 53). D'autre part, elle se soustrait à l'empire de la nécessité finie en s'identifiant avec l'infini : « L'âme ne saurait posséder la vraie liberté sans être aussi dans l'infini et donc nécessaire » (VI, p. 53).

Il y a tout lieu de penser que l'audace consiste dans l'option d'une individuation et d'une autonomie (un *pour soi*) des idées[9], chose impossible dans l'Absolu où il n'y a pas d'espace et de temps et où toute différence est inessentielle. L'aventure consiste à devenir soi-même, à coïncider avec cet excès de soi afin de pouvoir faire retour. Lors de cette réintégration, toute la subjectivité, en sa densité concrète, n'est pas préservée ; ce qui ne signifie pas que l'homme n'est immortel que dans le souvenir de Dieu, comme une trace inscrite dans ses archives, mais pas non plus que de l'âme ne subsiste en la pensée de Dieu que l'idée pour ce qu'elle est éternelle à titre d'essence, comme le disait Spinoza (*Éthique*, I, 22-23). L'individué est présent comme tel dans le Réel. Écoutons le poète :

9. J'ai traité cette question dans *Schelling. L'angoisse de la vie*, Paris, L'Harmattan, 2009, ch. I.

« Tout est printemps :
Et toute feuille verte éternellement »[10].

Comme Spinoza, Schelling conçoit pour l'âme une double actualité, l'une dans l'empirique, l'autre dans l'absolu, la première temporelle, la seconde éternelle (VI, p. 41 ; *cf. Éthique,* V, 29 sc). Toutefois, pour l'Allemand, le philosophème de la chute induit une distinction entre deux états de l'être éternel de l'âme, avant et après l'événement. Sans perdre évidemment sa qualité d'idée ou d'essence dans l'entendement divin, elle existe désormais comme individualité pleinement épanouie dans le Réel, et non plus seulement comme mode éternel du penser (*cf. Ethique*, I, 40 sc). En termes eckhartiens, qu'en Dieu il n'y ait ni Henri et Conrad[11], on pourrait l'admettre en réservant le terme à l'Idéal, mais c'est précisément dans le Réel (le Verbe en tant que devenir éternel de l'Esprit) qu'ils sont appelés à fleurir. Dit le poète :

« Nous ne voulons
Rien d'autre,
Avec une espérance
Humble,
Que la plénitude éternelle
De la rose,
Une suprême éternité
De fleur »[12].

Il y aurait à distinguer l'audace et sa source. De l'audace, Schelling va fournir trois fondements : celui

10. Joan Salvat-Papasseit, *Rien n'est mesquin*, v. 12-13.
11. Eckhart, *Predigt*, 65.
12. Salvador Espriu, *La Peau de Taureau,* LIV.

de la chute elle-même et de la production qui s'en suit réside dans le Réel. Celui de la possibilité de la chute tient à la liberté du Réel qui est le fruit de l'auto-connaissance de l'Absolu, et dans ce cas, le fondement remonte jusqu'à l'Absolu. Et enfin, le fondement de l'effectivité de la chute est à identifier avec ce qui a subi la chute (VI, p. 40). Trois raisons donc. Mais dans lesquelles l'audace s'exerce-t-elle ? Manifestement dans la première et la troisième. Le Réel a l'audace de s'affranchir de la tutelle de l'Absolu et les idées qu'il contient sont précipitées dans la phénoménalité, rupture continue qui n'a pas encore reçu, comme chez Kierkegaard, la marque du soudain. L'Absolu semble devoir être préservé de tous ces tracas. L'audace se passe hors de lui. Retenant en lui l'essentiel de l'être spinozien, il plane par dessus le Réel. Mais il y a cette différence avec le Dieu de Spinoza que les choses ne peuvent découler de lui mécaniquement. Lorsque Schelling reprend en 1806 la formulation de l'*Ethique* (*I*, 16) : « De la nécessité de la nature divine doit suivre une infinité de choses en une infinité de modes », il usera du verbe vouloir : « L'absolu n'est pas seulement un vouloir de soi-même, mais un vouloir de manière infinie, donc à toutes les formes, degrés et puissances de la réalité » (II, p. 362). Il ne suffit donc pas d'avancer que la chute, dans sa possibilité, remonte à lui. Certes, la formule qui suit peut encore se prendre dans une acception strictement spinoziste : « En s'affirmant soi-même, Dieu affirme nécessairement en même temps une réalité infinie » (VI, p. 169). Mais outre que la notion d'une auto-affirmation provient de Fichte, l'anti-Spinoza (*cf.* XIII, p. 54), l'affirmation des choses implique, aussitôt que l'on entre dans *Philosophie et religion*, une telle affirmation de l'audace que ce qui n'a pas l'audace de la sortie ait cependant celle de l'instiguer. Dans ce cas, l'Absolu ne contient pas seulement la possibilité de la chute, mais tout aussi bien la véhémente volonté de l'audace en sorte que le don de la liberté sert à l'auto-déploiement de l'être. « Lorsqu'en vertu de l'éternelle nécessité de sa nature, Dieu confère le soi à l'objet contemplé, il le livre à la finitude et le sacrifie afin que les idées, d'abord incluses dans la divinité sans vie autonome, soient appelées à vivre et deviennent ainsi capables de revenir dans l'ordre de l'Absolu pourvues d'une existence indépendante » (VI, p. 63). Le terme de sacrifice, qui n'est d'ailleurs ici qu'une métaphore, suggère une volonté et donc déjà un élément de personnalité[13]. Qu'en est-il alors de la chute ?

Comme *Philosophie et religion* est déterminé par le contexte de la réponse au reproche qui a été fait au Système de l'Identité d'être incapable de proposer une théorie cohérente de l'origine du fini, le lecteur peut être facilement trompé par le propos initial de l'essai. Il acceptera sans vérification la seule thèse de la chute comme explication de la finitude, thèse qui cherche à sauver l'immutabilité de l'Absolu puisque par elle on lui épargne de se dégrader, car il importe à Schelling que le fini résulte de l'infini ou en naisse mais pas par diminution (VI, p. 36, 41). Il recourt alors à l'axiome spinoziste : « De l'Absolu à l'effectif, il y a pas de passage continu » (VI, p. 38). D'ailleurs, le

13. Schelling dira que « la vraie personnalité est seulement dans la volonté » (*U*, p. 397). Le concept de philosophie positive se rattache expressément aux notion conjointes de personnalité et de volonté (*G*, p. 83).

philosophe recourant au théologoumène de la chute ne manque pas de dramatiser son propos : il parle de descente dans le rien (VI, p. 50), de châtiment (VI, p. 42, 47, 61) et d'abandon à l'ignorance des choses en soi (VI, 47), l'âme devenant incapable de contempler les archétypes dans leur pureté. La nature ne peut alors passer que pour la ruine du monde divin, unique façon acceptable de comprendre la proposition spinoziste que Dieu est chose étendue (VI, p. 49).

Mais un examen plus précis met au jour, comme on le voit, l'intention de l'Absolu qui *provoque* la singularisation afin qu'il puisse se connaître dans toute l'extension infinie et affirmatrice de sa plénitude. « L'histoire est une épopée issue de l'esprit de Dieu (*Geiste Gottes*). Elle comporte deux parties principales qui décrivent, l'une l'exode de l'humanité à partir de son centre jusqu'au point le plus éloigné, l'autre le retour. Le premier aspect ressemble à l'Iliade de l'histoire, le deuxième à son Odyssée. L'orientation du premier est centrifuge, celle du deuxième est centripète. Voilà comment s'exprime dans l'histoire la grande intention de l'entier phénomène du monde. Les idées, les esprits, devaient déchoir de leur centre et s'introduire dans la nature, le domaine général de la chute, et dans la particularité, afin de pouvoir ensuite, en tant que particuliers, revenir à l'indifférence et, réconciliés avec elle, demeurer en elle sans la troubler » (VI, p. 57). Il convient tout d'abord de mettre en évidence le sens de la particularisation. Le but ultime de Dieu n'est certainement pas de voir son infinitude idéale figurer sous la forme de l'effectivité prise dans la figure de la multiplicité. Ce serait se contempler dans ce qui n'est pas soi, pire : dans le néant de la phénoménalité. Ce qu'il veut, c'est s'objectiver lui-même en lui-même moyennant le moment de l'effectivité, le hors lui-même, sans lequel la particularisation ne pourrait pas avoir lieu. Mais pour que ce soit en lui-même qu'il s'objective, il est nécessaire que les êtres particularisés ne perdent pas le facteur qui les singularise dès lors que rappelés dans le Réel. De là l'importance de l'incise : « ...afin de pouvoir ensuite, *en tant que particuliers* (*als besondere*), revenir à l'indifférence ». Il faut penser que l'individuation est irréversible. C'est cela même qui donne tout son sens au rapatriement. Du point de vue des êtres singuliers, le geste relève strictement de la dimension morale qui invite à sacrifier la liberté finie pour atteindre à la liberté infinie (VI, p. 53). Il en va autrement au regard de l'Absolu qui se sert de ladite dimension afin d'assurer au Réel une totalisation en acte. Le retour ne peut donc valoir comme une extinction. Le but des esprits, précise Schelling, n'est pas de cesser d'être en eux-mêmes (*in-sich-selbst-Seyn*), mais de s'affranchir des corps et de la matière (VI, p. 63). Manifestement, le corps n'est pas ici considéré comme la racine de la personnalité, comme il le sera dans *Clara.* Cela tient tout d'abord au fait que ce n'est pas la personnalité qui est en jeu. Schelling n'a pas de peine à l'évincer au profit de la seule particularité. Qu'est-ce donc qui en fonde la persistance ? Réponse : « ...la différence persisterait comme une simple négation si cette réadmission de la finitude dans l'infinité n'assurait, en même temps, le passage de l'infini dans le fini et donc de ce dernier le parfait être en soi-même » (VI, p. 56). Or ceci est acquis par le savoir véritable, lequel se définit comme information (*Einbildung*) de l'infini dans l'âme (*cf.* VI, p. 51), lequel est également condition du retour puisque par la science est congédié le champ de la phénoménalité auquel la raison dégradée en entendement s'est trouvée liée. Si en chaque particulier l'Absolu se manifeste d'une manière unique, l'auto-révélation ne se dispensera d'aucun.

Bien que Schelling ait pris soin d'appeler le Réel *l'autre absolu* (VI, p. 39) afin de préserver le premier de tout devenir phénoménal, extatique, il s'agit bien d'une même entité considérée sous deux aspects, ce que d'ailleurs le terme même d'auto-révélation suffirait à confirmer. L'audace apostatique s'avère une procédure, le sacrifice un auto-sacrifice, la faute une faute heureuse pour Dieu même et le retour un retour à soi (*reflexio completa*) à partir d'une extériorisation. La puissance génératrice est partagée entre don de la liberté et audace. On a donc tout loisir de considérer qu'en fait l'être absolu *devient* ou va de gloire en gloire à travers ses successives déchéances — bien que la Nature naturante ressemble à un spectateur qui verrait uniquement dans son portrait spéculaire se déployer infiniment toute la richesse dont il est riche. S'il y a là un enfer, c'est celui qu'un des proverbes énonce par la bouche de William Blake : « L'orgueil du paon est la glorification de Dieu ». Dire que ce qui est immuable en soi se meut dans son alter ego ne serait qu'une façon minimisante d'exprimer la vérité de l'auto-déploiement et de l'auto-volition de l'Absolu. Cette volonté de soi, Schelling n'hésite pas à la ramener à la conception spinoziste de l'amour divin de soi. C'est ainsi qu'il poursuit : « Une telle intention parachève l'image de cette indifférence ou de cette absence d'envie en l'Absolu à l'égard de la Réplique, que Spinoza exprime par une formule très juste : "Dieu s'aime lui-même d'un amour intellectuel infini" (*Éthique,* V, 35). Cette image de l'amour de Dieu *envers lui-même*, la plus belle représentation de l'objectivation du sujet, sert aussi à montrer l'origine divine de l'univers » (VI, p. 63-64 ; *cf.* II, p. 362). La démonstration que propose Spinoza de la proposition renvoie à la perfection de Dieu et au fait qu'il est cause de soi. Rien donc qui fasse explicitement référence à la nature naturée, et certainement aucune allusion à une quelconque objectivation du sujet, terminologie et thématique qui sont d'ailleurs propres à l'idéalisme. Ne s'agit-il ici que de l'adhésion à soi ? La proposition 3 de la deuxième partie de l'*Éthique*, à laquelle la démonstration fait appel, concerne l'idée que Dieu a de son essence et des choses qui suivent nécessairement de ladite essence. On en peut conclure que la perfection de Dieu dont il a été question enveloppe son infinie production. Il convient donc d'éclairer le propos par le corollaire de la proposition 36, qui soutient que Dieu aime les hommes dans la mesure où il s'aime. Cela Schelling le comprend comme affirmation par Dieu des singularités en vue de son auto-révélation. Dieu s'aime à travers elles et en retour, c'est en se voulant elles-mêmes que les âmes aiment Dieu[14]. De cette problématique les *Recherches sur la liberté* hériteront à leur façon lorsqu'elles caractériseront Dieu comme amour, c'est-à-dire comme lien de l'Idéal et du Réel (VII, p. 408). Mais là le climat tout différent nous donnera un Dieu doué en personne d'un *pour soi* qui est volonté et audace. *Philosophie et religion* aura servi de médiation entre l'immuable et éléatique (*cf.* U, p. 143)

14. Sentence que je propose comme une variation schellingienne sur la proposition 36 d'*Éthique* V.

Identité de type spinoziste et le Vouloir comme être primordial.

III. LE FINI COMME MANIFESTATION ESSENTIELLE DE L'INFINI

Pour déterminer comment, dans les *Recherches* de 1809, le fini libère et accomplit *une* potentialité essentielle de l'infini, il convient de partir de la problématique dont elles héritent, celle de la pleine réalisation de l'infini moyennant l'individuation. En effet, elles citent la page que j'ai analysée de *Philosophie et religion* sous la forme suivante : « Dieu destine les idées qui étaient présentes en lui sans vie subsistante en soi (*selbständiges Leben*), à l'ipséité (*Selbstheit*) et au non-étant, afin qu'appelées de là à la vie, elles soient à nouveau *en* lui à titre d'existants indépendants (*unabhängig*) » (VII, p. 404). Si l'idée et les termes sont préservés, le contexte, lui, est différent. Le texte poursuit : « Le fond effectue donc en sa liberté la scission et le jugement (*krisis*), et du même coup la parfaite actualisation de Dieu ». Le ce-par-quoi de la révélation de l'infini est connu, mais non pas encore le quoi. La question de savoir ce que Dieu doit manifester de lui-même avait trouvé dans *Philosophie et religion* une réponse d'inspiration spinoziste : c'est la productivité infinie de l'Un s'exprimant dans le fini. Mais la question conçue sous cette forme n'est plus de mise dans les *Recherches*. Dès lors que Dieu est présenté comme une vie, c'est-à-dire un être assujetti à la souffrance et au devenir (VII, p. 403), la question subit en sa teneur une modification décisive : elle porte désormais sur une révélation transmutatrice. Non pas seulement que le révélé se retourne sur le révélant en sorte qu'il prenne conscience de l'amplitude de son être ; bien plus déterminante est l'idée d'une effectuation de Dieu (qui ne pouvait qu'être tout à fait étrangère à Spinoza). Et sans doute faut-il voir une allusion à l'auteur de l'*Éthique* dans la distinction qu'introduit Schelling entre un Dieu-être et un Dieu-devenir : « Certes dans l'être il n'y a pas de devenir ; en celui-ci bien plutôt l'être lui-même est-il reposé comme éternité ; toutefois dans l'effectuation (*Verwirklichung*) par opposition il y a nécessairement un devenir » (VII, p. 403). L'erreur à éviter serait de croire que le concept d'éternité exclut nécessairement la productivité. Tel n'est pas le cas, par exemple, chez Spinoza. C'est que le mode de production n'induit pas une auto-effectuation de Dieu puisqu'il est cause de toutes choses (*Éthique*, I, 25, cor) sans besoin pour lui d'opérer un passage de l'infini au fini puisque les modes ont pour condition d'existence immédiate d'autres modes (*Éthique*, I, 28). La nouveauté de *Philosophie et religion* est d'avoir introduit la notion d'une rupture, et par là d'avoir doté les idées d'une égoïté transcendantale l'effectuant. Mais alors que le Père, dans *Philosophie et religion,* se maintient dans l'éternité en plongeant le Fils dans le devenir, les *Recherches sur la liberté humaine* inscrivent tout le divin dans la durée pour ce qu'elles lui prescrivent une tâche autrement compliquée qu'une apparition de ses formes essentielles dans la concrétude singularisante. C'est qu'il s'agit maintenant de faire passer Dieu d'un état à un autre, la différence ne relevant plus de la quantité, mais de la qualité. Le terme même d'apparition ne convient plus. Le monde n'est plus un théâtre où le fini acquiert un caractère pour la plus grande gloire de Dieu. Il est devenu une arène sanglante qui met aux prises le bien avec le mal afin qu'en Dieu surgisse l'instance « la plus haute : l'amour » (VII, p. 406). Or un surgissement advient de trois manières : soit comme une réalité sur qui est soudain projetée la lumière, soit comme une réalité qui s'avance à la lumière afin de se montrer telle quelle, soit enfin comme une réalité qui s'invente elle-même de par son surmontement d'une force qui lui résiste comme volonté. Le thème d'une opposition se peut retrouver dans les deux dernières manières : dans un cas, il faut peut-être s'arracher aux ténèbres et les nier ; dans le second, il faut certainement subjuguer la puissance adverse sans pour autant pouvoir la nier purement et simplement : car le manifesté se sert d'elle comme du socle sur lequel il se tient. Il reste à savoir à laquelle de ces deux formes d'opposition révélatrice appartient l'apparition de l'amour. Dans un paragraphe déjà cité, Schelling a fait de l'opposition un principe du devenir. Il en va de même pour la vie, selon ce qu'il appelle en 1810, dans les *Conférences de Stuttgart,* la loi fondamentale de l'opposition qui stipule que « sans opposition, pas de vie, pour l'homme comme pour tout existant en général » (VII, p. 435). *Les Recherches sur la liberté humaine* l'avaient déjà formulée dans le cadre d'une théorie de la révélation : « Chaque être ne peut se révéler qu'en son contraire, l'amour dans la haine, l'unité dans le conflit » (VII, p. 373).

De là on peut conclure qu'il ne suffit pas, pour que Dieu advienne comme amour, que ses dévots le considèrent sous cet aspect ou même, comme chez Luther, qu'il affronte, afin de s'en distinguer, celui qui le singe ou lui donne guise de haineux. Il lui faut, de surcroît, se déterminer moyennant la victoire sur la haine. Que l'un n'aille pas sans l'autre, cela n'est pas l'affaire d'un nécessaire contraste comme dans une représentation, c'est l'aventure d'un acte. Par là que l'amour est essentiellement dynamique, il se définit comme une pacification, une harmonie ayant résolu la scission.

Par rapport au *Deus implicitus,* le *Deus explicitus* se caractérise par une nouvelle modalité de l'être. L'amour n'est pas en lui comme amour tant qu'il ne traverse pas la région de la dissimilitude et de la déchirure tout de même que chez Luther la grâce ne survient qu'au pécheur, et la libération qu'à l'homme lié par la loi. L'amour est l'oméga de Dieu. L'alpha de Dieu est le Non-Fond (*Ungrund*), l'entité qui « précède toutes les oppositions » (VII, p. 406). L'Absolu doit impérativement sortir de son limpide repos afin de faire advenir l'amour. Pour cela même il se scinde en deux commencements, en Dieu et en fond, c'est-à-dire en deux volontés originaires dont la collaboration est à même d'assurer l'auto-déploiement de l'Absolu. En réponse au désir du fond, Dieu profère son Verbe dans la nature et procède à la formation du monde par séparation, comme dans la Genèse, à ceci près que la création *ex nihilo* est exclue[15]. Toutefois, ces successives scissions ne suffisent pas à assurer la matérialisation du milieu, à savoir la haine, dans lequel l'amour est à même de se réaliser. Pas plus que la simple émergence des êtres finis, pour la bonne raison que l'auteur des

15. La thèse de l'émission du Verbe au dessein de la création, formellement condamnée par Luther dans son commentaire de la Genèse (*W* 42, p. 42), est maintenue par Schelling tout au long de sa dernière philosophie (*cf.* XIII, p. 323, 330-331).

Recherches sur la liberté humaine, s'écartant décisivement d'une idée majeure de *Philosophie et religion*, refuse de considérer que la finité (*Endlichkeit*) soit le mal. Et de préciser : le mal provient de la finité érigée en être-soi (*Selbstsein*) (VII, p. 370), ce qui fait évidemment référence à l'homme. La question de savoir ce qu'est l'homme est subordonnée à la connaissance du dessein pour lequel il a été produit, car sa constitution essentielle dépend de sa fin et vaut comme son *modus operandi*. L'idée est ramassée dans le passage suivant : « L'homme est placé sur une cime telle que c'est en lui-même qu'il possède à égalité l'origine de son auto-mouvement vers le bien et vers le mal : le lien des principes n'est pas en lui nécessaire, mais libre. Il se dresse à la croisée des chemins ; quoi qu'il choisisse, ce sera son acte, mais il ne peut pas rester dans l'indécision, car Dieu doit nécessairement se manifester » (VII, p. 374). Trois notions sont ainsi liées : la liberté, le mal et l'auto-révélation de Dieu. Comme la liberté en tant qu'humaine a été définie comme un pouvoir du bien et du mal (VII, p. 352), il faut comprendre que l'auto-révélation de Dieu dépend de l'introduction, que seul l'homme peut opérer, du mal dans l'être. L'attente de Dieu s'explique alors par son impuissance à faire le mal. Ce qui fait que la création est arrêtée dans son élan.

Comme dans *Philosophie et religion*, l'infini attend d'un acte du fini de devenir ce qu'il doit. Mais cette fois-ci, il est obligé de l'inciter à sauter le pas. Dans l'essai de 1804, la seule notion de la liberté suffisait. En effet, par cela que l'être libre possède une pulsion à l'auto-affirmation, il ne peut manquer de rompre avec l'Absolu pour se poser lui-même comme un absolu.

Sur ce point, Schelling en était resté à Fichte. En 1809, l'auto-affirmation ne permet plus de définir la liberté en tant que propre à l'humanité puisque considérée comme une donnée de toutes les créatures (VII, p. 351). Certes, l'auto-affirmation joue en l'homme autrement qu'en toutes les autres créatures parce qu'en lui seul les deux volontés dont il est constitué, l'universelle et la particulière, sont susceptibles d'inversion (puisque leur lien est libre, ce qui n'est pas le cas pour Dieu). Mais pour que le *soi* impliqué dans l'auto-affirmation s'éveille, une instance doit l'aiguillonner. Le passage où il a été question de la position intenable dans laquelle l'homme ne pouvait rester se poursuit comme suit : « Cependant il semble que l'homme ne puisse pas non plus sortir de son indécision, précisément parce qu'elle est telle ». Or voici venir le pas qui va au-delà de *Philosophie et religion* : « Il faut donc qu'il y ait un fondement universel de la sollicitation, de la tentation du mal, fût-ce seulement pour donner vie aux deux principes en lui, pour le rendre conscient de ceux-ci » (VII, p. 374). Tel est le rôle dévolu au fond de Dieu.

Schelling distingue ici deux volontés dans la déité, la volonté de l'amour et celle du fond qui doit permettre à l'amour d'exister *effectivement* (VII, p. 376). C'est pour cela même que la première laisse agir la seconde lors même que cette dernière paraît s'opposer à elle. Cette volonté du fond va être caractérisée d'une manière décisive : « Le fond n'est qu'une volonté de révélation, mais précisément, pour que celle-ci advienne, il doit nécessairement susciter la propriété (*Eigenheit*) et l'opposition » (VII, p. 375). Ce qui revient à dire qu'il excite la volonté propre de toutes les créatures (VII, p. 375). Considéré indépendamment de la suite, le résultat paraît identique à celui de *Philosophie et religion* : des caractères décidés font leur apparition ; la multiplicité déploie sa queue de paon. Mais tel n'est précisément pas le résultat, seulement le moyen. Schelling poursuit : « La volonté de l'amour et celle du fond s'unissent donc précisément parce qu'elles sont scindées et que dès le départ chacune est à l'œuvre pour soi. C'est pourquoi la volonté du fond é-meut dès la première création la volonté-propre de la créature, afin que l'esprit, quand il paraît comme volonté de l'amour, trouve un élément adverse où il puisse se réaliser effectivement » (VII, p. 375-376). Il est significatif que la multiplicité finie n'est pas le but envisagé par Dieu. Elle n'est que le milieu propice à l'éclosion du mal, lequel à son tour est le médium contrasté, par quoi l'amour devient effectif par sa victoire sur la haine.

Dans *Philosophie et religion*, la chute est provoquée par la liberté qui veut s'éprouver telle. Sous le coup d'une heureuse inspiration, les *Recherches* préfèrent confier l'opération à l'angoisse (ce dont Kierkegaard se souviendra[16]). Dans sa décision de tout particulariser, c'est-à-dire de rendre créaturel, le fond suscite le désir de l'empirie. L'homme originel que nous avons vu indécis est maintenant soumis à une forte postulation. Schelling recourt d'abord à des explications tirées de la psychologie et de la mythologie, le fond étant comparé « à cette voix intime qui semble appeler à se précipiter l'homme saisi de vertige sur une cime escarpée, ou encore, à cet irrésistible chant des sirènes qui, selon l'antique légende, résonne des profondeurs pour attirer dans le tourbillon le navigateur

16. *Cf.* J. Hatem, *Schelling. L'angoisse de la vie*, ch. III.

de passage ». Il donne ensuite la parole à la philosophie : « La liaison en l'homme de la volonté universelle avec une volonté particulière semble déjà en soi une contradiction dont la conciliation est difficile, sinon impossible. L'angoisse même de la vie pousse l'homme hors du centre où il a été créé ; car ce centre, en tant qu'essence la plus pure de la volonté, est pour chaque volonté particulière un feu dévorant ; pour pouvoir y vivre, l'homme doit mourir à tout être-propre, au point d'être presque nécessairement tenté de quitter le centre pour sortir vers la périphérie, afin d'y chercher un lieu de repos pour son ipséité (*Selbstheit*). (...) Malgré cette nécessité universelle, le mal demeure toujours le choix propre de l'homme ; le fond ne saurait faire le mal comme tel, et toute créature tombe par sa propre faute » (VII, p. 381). Ce dernier trait s'explique par le fait que le fond agit dans le bien comme dans le mal (un écho de Luther), car pour le bien également une ipséité éveillée est nécessaire (*cf.* VII, p. 400), en sorte que l'angoisse n'est jamais que le sceau de la liberté.

L'éloignement du centre a pour vertu de rendre l'insurrection possible et, par là, la rupture dont l'avènement provoque l'émergence de l'amour, non qu'il n'ait pas été, mais il était inconscient de lui-même dans les profondeurs de l'essence en tant qu'elle était seulement non-différence et pas encore identité. La fracture arrache l'amour à sa léthargie en lui jetant à la face un adversaire contre lequel s'affirmer et en lui donnant à unifier des êtres qui sont *pour soi* (*cf.* VII, p. 404) et en dissension entre eux et avec Dieu, car l'amour, suivant notre philosophe, « lie ceux qui pourraient être chacun pour soi, et cependant ne le sont pas, et ne peuvent être l'un sans l'autre » (VII, p. 408). Ce qui revient à dire que la réconciliation présuppose la discorde.

La collaboration des deux volontés divines en vue de l'effectuation de l'amour moyennant la haine qu'une créature est seule capable d'introduire dans le monde nous porte à attribuer au Dieu schellingien une affection pour l'homme semblable à celle que le Dieu de Goethe a pour Méphistophélès, dans la mesure où le Malin accomplit le bien malgré lui lors même qu'il s'efforce toujours de faire le mal. Schelling a tenu à épargner au fond de Dieu de passer pour un Méphistophélès car outre que le fond ne veut pas le mal pour lui-même et ne le fait pas (encore qu'il en soit l'origine), il possède une détermination foncièrement anti-méphistophélique par cela que sa volonté est de révélation (ce qui n'est pas le but du démon faustien même si ses tentations sont l'occasion pour le meilleur comme pour le pire d'émerger). Les deux volontés divines font œuvre commune, mais c'est à l'homme saisi d'angoisse d'inverser le rapport entre la volonté universelle et la volonté particulière. C'est l'homme seul qui rend Dieu effectif et personnel (pour soi) par les destins du temps, la personnalité étant le plus grand bien sur terre comme au ciel.

Allant, dans son *Exposé de l'empirisme philosophique*, jusqu'à faire de l'homme le but et le repos de Dieu, Schelling rapportera la parole d'un auteur français : « Dieu est fou de l'homme » (X, p. 273). Il aurait pu également citer Karin Boye :

> « "Tombe", dit le Seigneur,"tombe,
> Rétive étoile !
> Je t'offre volontiers les ténèbres.

Tu es ce que j'ai de plus cher au monde".

"Tombe", dit le Seigneur, "tombe,
ardente flamme bleue !
Resplendis dans le tourment des profondeurs,
et bâtis-toi une cité de cristal noir!"

"Tombe", dit le Seigneur, "tombe !
Toi qui veux goûter à tout le mal,
reviendras-tu bientôt ?
Tu es ce que j'ai de plus proche au monde" »[17].

Philosophie et religion, essai rédigé d'après le paradigme de la parabole des deux fils (Luc 11:11-32), charge les hommes d'exécuter par leurs seuls moyens le revirement devant leur permettre de rentrer dans l'éternité. L'essai sur la liberté opte pour le paradigme de la parabole du bon Samaritain : Dieu intervient *en personne* afin de pouvoir assurer l'inversion de l'inversion : « La lumière apparaît pour affronter le mal personnel et spirituel, prenant elle aussi une figure personnelle et humaine, à titre de médiateur afin de restaurer à son degré le plus élevé le rapport de la création avec Dieu. Car seul ce qui est personnel peut guérir ce qui est personnel, et Dieu doit nécessairement devenir homme afin que l'homme fasse retour à Dieu » (VII, p. 380). Le moment proprement christique d'un livre parsemé d'allusions au Verbe divin est celui du point de rupture où s'échangent les contraires. Il n'est pas clair sur quel champ se déroule la bataille décisive : au désert (comme dans le *Paradis retrouvé* de Milton), à

17. *Den fallande morgonstjärnan*, in *Härdarna*, XXV.

Gethsémani ou au Golgotha, car ces épisodes portent tous trois l'emblème d'une victoire essentielle sur le mal. Il y a présomption en faveur de la première des deux tentations car c'est ici que, pour la première fois dans la Bible, le démon prend figure. Or Schelling avait écrit : « Le mal ne ressort décidément et comme tel qu'avec l'apparition décisive du bien » (VII, p. 379-380).

En dépit de la formulation qui emprunte au Prologue johannique et paraît se régler sur la doctrine chrétienne, je suis porté à penser que le Christ n'est pas beaucoup plus qu'un symptôme, car il exprime l'émission du Verbe en l'homme. Le devenir-homme de Dieu se ramène à l'initiation d'une volte-face. La vocation christique est répandue sur toute l'humanité. C'est pour cela que la survenue de Jésus ne conclut pas le processus d'auto-révélation de Dieu, car avec lui nous n'avons affaire qu'à une figure particulière. Le conflit se poursuit après le trépassement de l'Homme-Lumière. Un nouveau règne s'établit qui voit le Verbe vivant entrer en lutte contre le chaos, inaugurant ainsi « un conflit déclaré entre le bien et le mal, destiné à durer jusqu'à la fin de l'époque actuelle, dans lequel Dieu se révèle précisément comme esprit, c'est-à-dire comme effectif et en acte » (VII, p. 380). C'est le moment que l'on pourrait qualifier de luthérien, celui du *duellum mirabile,* de l'affrontement total (*cf. W* 40, I, p. 439, 565). L'accomplissement de ceci est encore à venir : Dieu ne sera entièrement effectif que lorsqu'il sera tout en tout (*Alles in Allem*) (VII, p. 404), c'est-à-dire l'unité universelle dont la bonté pénètre la totalité de l'étant par son agir, « l'amour qui est tout en tout » (VII, p. 408). Voici comment la philosophie de l'identité se découvre théosophie de l'amour unissant l'Existant et le Fondement[18]. N'ayant de réalité que dans son opposition à l'esprit de l'amour, le mal n'aura évidemment aucune place dans l'Identité absolue (VII, p. 409).

IV. POUR CONCLURE : L'OMÉGA

Nous avons examiné la nécessité où se trouve l'essence absolue de passer par les services du fini pour exprimer son être. Avec *Philosophie et religion,* le fini se donne, dans la temporalité phénoménale, comme la pleine réalisation de l'infini qui est ainsi obligé de transiter par l'individuation et donc par une multiplicité concrète. Avec les *Recherches sur la liberté humaine*, le fini libère et accomplit *une* potentialité essentielle de l'infini, Dieu assumant la finitude dans sa propre nature[19]. Dans les deux scénarios, un rôle important est dévolu à la *felix culpa,* à l'altérité et à l'opposition dialectique.

Reste une ultime question à traiter. Qu'en est-il de l'infini parachevé ? Autrement dit, comment caractériser l'Oméga ? Pour répondre à cette ques-

18. C'est seulement dans sa lettre du 18 juillet 1810 à Georgii (*Aus Schellings Leben in Briefen,* II, 1803-1820, Leipzig, 1870, p. 220-221), que Schelling précisera que l'Existant ne deviendra tel que par son unification avec son Fondement. C'est d'ailleurs ici (p. 221) qu'on trouvera la précision suivant laquelle le fondement vaut comme la *conditio sine qua non* d'une chose, alors que l'Étant est ce qui la produit au titre de *causa* (*Ursache*). Le *Monument des choses divines* publiera la nouvelle que l'Absolu est tout aussi bien fondement que cause (VIII, p. 71).
19. *L'Anti-Jacobi* posera en Dieu la finitude, soit le négatif, grâce à quoi la personnalité se déploie (VIII, p. 73).

tion, je requiers le témoignage d'une page du *Bruno,* essai qui bien que de très peu antérieur à *Philosophie et religion,* baigne encore totalement dans le système de l'identité : « Dans l'essence de cet Un, qui n'est ni l'un ni l'autre de tous les opposés, nous reconnaîtrons le Père éternel et invisible de toutes choses, qui, sans jamais sortir lui-même de son éternité, comprend le fini et l'infini dans un seul et même acte de connaissance divine ; l'infini, c'est, à la vérité, l'Esprit, qui est l'unité de toutes choses, et le fini, en soi il est vrai égal à l'infini, est cependant de sa propre volonté, un dieu souffrant et soumis aux conditions du temps » (IV, p. 252). En adaptant cette proposition à mon propos, j'identifie l'Oméga à l'Esprit. Dans *Philosophie et religion,* l'instance de l'Esprit correspond au royaume des âmes ayant effectué le grand retour après avoir acquis définitivement l'état d'indépendance ; par contraste avec une infinité dans l'Alpha insuffisamment déterminée et qui, pour cette raison, ne peut satisfaire l'acte d'auto-connaissance absolu, l'infinité dans l'Oméga peut faire l'objet des délices de Dieu. Les *Recherches sur la liberté,* pour leur part, font intervenir plutôt que le motif du retour, celui de la totale unification. En Dieu, l'existant et le fondement ne s'unissent que grâce à la puissance de pénétration de l'amour en toutes les créatures. L'Esprit est la vivante uni-totalité. Pour toutes ces raisons, Schelling dirait avec Blake : « L'Éternité est amoureuse des produits du temps »[20].

20. *Le Mariage du ciel et de l'enfer. Proverbes de l'enfer,* § 10.

Table des matières

Achevé d'imprimer par Corlet Numérique - 14110 Condé-sur-Noireau
N° d'Imprimeur : 102761 - Dépôt légal : novembre 2013 - *Imprimé en France*